告別的勇氣

讓我們談談死亡這件事，
學著與生命說再見

Das letzte Tabu

Über das Sterben reden und
den Abschied leben lernen

亨尼・舍夫 *Henning Scherf* 安奈莉・凱爾 *Annelie Keil*——著 王榮輝——譯

編序

有人說，年輕人談死亡不過是哲學問題；中年人談死亡，是因為照料父母、自身逐漸老化的切身之痛；老年人談死亡，則是因為大限將至，不得不談。

這段話似是而非，說對也不對。古往今來的哲學之所以歷久彌新，在於其攸關生命；生死之謎之所以令人著迷，在於其關係生而為人，我們如何看待自己，如何看待身處的這個世界。本書的兩位作者說的好，「死的藝術」即是「生的藝術」，唯有認識死亡，才知道如何生活。

生死，原是一體兩面、鏡像雙生。唯有看透這個道理，我們才能自在生活、生死無懼。

專文推薦

認真活在當下，自在迎接死亡

陳秀丹

有生必有死，這是再也自然不過的事了，可悲的是人類因醫療科技的進步、貪婪的心與不正確的生命觀，造就許多被拖延死期的「生命延畢生」，不僅躺著的人痛苦，照顧的家屬也心痛，整個社會國家也受到影響，沒有一方是贏家。

人們害怕死亡，可能是因不知死後的世界會如何，或是因放不下終其一生努力得來的成就，又或是因擔心家人在他（她）死後無法好好過生活。然而，終將到來的死亡，是怎麼躲也躲不過的事，不妨轉念改用一種謙卑、真誠、勇敢、順應的心來面對。

有些家屬因害怕病人失去求生意志而隱瞞病情，結果造成病人死得不明不白，不僅沒機會和至親告別、交待後事，甚至因財產沒分配好，造成遺屬對簿公堂，多麼悲慘呀！請真誠告知病情，不要當詐騙集團共同欺騙病人。

行醫超過二十五年的我，親身陪伴父母親與無數病人的死亡；近距離地觀察死亡，也從中獲得不少感動。有人死前很開心，甚至要求我為他錄影，好讓後人見證他快樂地準備離開地球，前往他心目中的聖地；有媳婦開心地向即將死亡的婆婆說：您先去天上打點，以後我們再去和您會合，婆婆也回說好，其他在場的家人也以笑聲附和，多麼祥和的畫面！原來死亡就像人生最大、也是最後的考試，有充分準備的人得心應手，沒準備的人，很可能手忙腳亂；想要優雅地轉身，一定要對死亡議題充分地準備與討論。

一個人的死法在某個層面上其實就是反映出這個人過去是怎麼活的。一位八十多歲的癌末病人，在死前三天用微笑的口吻告訴我，他這輩子很認真地過生活，平日種果樹也學樂器，甚至開班授課，教出許多學樂器的鄉親。他說人生的義務已完成，孩子很孝順、這輩子很圓滿，沒有遺憾了，而他的後事，包括財產也早就交待、分配好了。現在的他在等時間，如果時候到了，他就要和我們「莎喲娜啦」了。這位長者很認真地扮好每一個角色，而這些就成為他快樂往生的重要資糧。

然而並不是每一位即將死亡的人都能像這位長者那樣有智慧、歡喜地去面對死亡。透過生命教育與緩和醫療身心靈的照顧，可以幫助許多生命末期的人和其家人安然度過生命中很特殊的一段時間。誠如本書作者之一安奈莉・凱爾（Annelie Keil）所說：「『生的藝術』也包含了接受命運。」接受命運是一種藝術，藉由哀傷輔導，去接受人生中的不圓滿、去放下這一輩子來不及完成的事物與一切愛、恨、情、仇。

耐性是順應生死很重要的一個能力，如同另一位作者亨尼・舍夫（Henning Scherf）所言：「『順應』並非代表放棄與聽天由命。而是在自己的要求上簡約、知足，並且試著用自己所剩下的東西與能力去做些好事。」由此可知，順應是一種深層的精神態度，包含了感恩與知足。

死亡是生命的一部分，也是一種藝術，良好的生命教育必須從小、從幼稚園開始教起，以心靈為導向，重視生命的品質與人性的尊嚴，同時對生命抱者感恩、敬畏的心。時常以「我是誰？我為何而活？我要如何活出該活的生命？」來做省思，同時心中常存「世間無常」的心，那麼，在面對死亡時，比較能從容地去面對。

這本由安奈莉．凱爾和亨尼．舍夫所寫的《告別的勇氣：讓我們談談死亡這件事，學著與生命說再見》，內容充實，引用了許多思想家的經典名言，秀丹很真誠地推薦給您。

本文作者為台灣安寧緩和醫學會理事、陽明大學附設醫院醫師，致力於推動善生善終理念

專文推薦

學習活著四道，更勝於臨終四道

趙可式

我在美國修習臨終照顧時，有一位人類學教授說：「中華文化是不能談死亡這個議題的！」我問他何以見得？他說他為了做不同文化對死亡觀念的研究，最讓他碰壁的就是華人！有一位台灣移民紐約的末期癌症病人，他想收案訪談做質性研究，誰知病人大發雷霆：「如果我要死了，就死了！沒什麼好說好談的！」病人的家屬也惱怒這位教授，認為絕口不提死亡的話題才能不造成傷害！

這是真的嗎？華人與其他文化真有如此差異嗎？近年來我們有許多翻譯自日本、美國、英國、加拿大、等地的生死學書籍，也有一些台灣本地的學者及臨床工作者，出版了非常暢銷的相關書籍。若我們真的視死亡為禁忌，這些書一定沒銷路！「生死學」近年來已經成為顯學，「末期臨終照護：end-of-life care」也已成為醫療專業的新興學門。因為沒有人可以逃避這個話題，若沒有準備，不做學習，將來有一天就可能生死兩憾！

感謝商周出版翻譯了這本德文書，使我們借鏡德國文化來學習死亡，除了擴展世界觀之外，更體認到在生死大事上，其實全人類是共通的！如同香港跑馬地「天主教聖彌額爾墳場」，在墓園門口的招牌上有一副對聯：「今夕吾軀歸故土，他朝君體也相同！」給每一位來此掃墓的人一記當頭棒喝的震撼教育！這是一座華人的墓園，豈不與本書所強調的主旨完全吻合：「今日我們陪父母老去，明天則會是我們要向自己的人生告別！不要等到走到了生命的終點，才被迫無奈地說再見！」所以本書絕對適合國人閱讀，並能從中汲取超越文化的人性共同生死智慧。

本書除了談死亡，還觸及許多重要的人生課題，小至幫助每個人自己規劃好老年甚至臨終的生活，大至提供國家政策的參考，如長照2.0及安寧療護的規劃，都是極佳的啟發，特別對醫療人員，可以當作教科書來閱讀。以第二章中「我們不是獨行俠——在對話中學習臨終」一節為例，教導如何開啟死亡的話題，尋找能夠拉近距離的一種語言，到了終點，重要的是同理心。這使我想起那位美國的人類學教授，遭受病人拒絕的原因並非是文化不同，而可能是其溝通技術不佳之故。

在第三章中「絕望的後果——從壓抑到安樂死」一節中，討論了為何病人會要求安樂死的絕望之感。自一九八〇年代起，橫掃歐洲的「臨終關懷運動」是種嘗試以不同的方式去面對臨終的社會運動，同樣也在德國萌芽。這項運動在很短的時間內就在德國取得了長足的發展，台灣的發展雖慢了數十年，卻也漸漸受到社會的重視，安寧緩和醫療既能具體地幫助臨終者，更幫助了傷慟家屬。

本書第四章點出了「永恆之謎」，許多文化都不把死亡視為一個人的存在的絕對終點，認為意識會以某種形式超越生理的終結點繼續存在，大略涉及了埃及的、伊斯蘭教的、佛教的生死書，以及猶太教與基督教的學說和經典。

德國最有名的同居老人與德國安寧療護學程的創辦人，聯手和我們談談死亡這件事，死亡不是禁忌的話題，而是人生必經的最後一哩路。兩位作者一再強調：「學習活著道別更勝於生存的藝術」。但我還想再更多些，若是到了臨終時再做「四道：道謝、道歉、道愛、道別（即放下）」，只怕到時沒有機會，還是時時做好「四道人生」，那才是一種直到最終的自主人生啊！

本文作者為國立成功大學醫學院　名譽教授、台灣安寧療護推手

專文推薦

死亡很強大，但愛，能夠更強大

蔡慶樺

在德國，死亡始終還是一個不受歡迎的議題，仍然是社會與家庭中的禁忌。德文中有句諺語：「忽視並非解決之道（Ignorieren ist keine Lösung）。」只是一提到死亡，許多德國人還是刻意選擇忽略。

本書的寫作目的，即希望能夠打破這個禁忌，讓每個人都為死亡做好準備。為什麼有必要打破禁忌？因為德國的人口平均壽命全球僅次於日本，加上少子化，社會老年化情況非常嚴重。在這樣的高齡化國家，死亡實在太重要了，不做好準備，最後還是得面對它，且是以措手不及、成本更高、痛苦更多的方式。

在我們每個人都會走入的晚年，為死亡做好準備絕對有其必要——不管是自己的死亡或親友的死亡。本書觸及的死亡各議題如道別、安寧醫療、臨終照護、陪伴、安樂死等，對於邁向老年化國家的台灣很有參考價值。以下就書中幾個議題，提出可以再思考及對話處：

善終的必要

我們必須談論死亡，必須學習告別，在我們還有能力的時候。作者們認為，現代社會強調生之藝術，卻忽視了死亡也是一種需要學習的藝術。其實在歐洲思想與神學傳統中，死之藝術向來佔有重要地位，人類不只應過良善生活，也必須學會「善終之藝術」（Ars bene moriendi），可是這個傳統逐漸喪失了，我們只想著好好活，忘記了我們也可以好好死。

作者們援引哲學家的說法，盼每個人都認知自身的「有限性」（Endlichkeit）、「道別性」（Abschiedlichkeit），就是希望我們能覺知到死之必來，並好好把握在生時的每一時刻，成為自己的主人，不讓死取走自己的生命品質。法國哲學家傅科（Michel Foucault）也曾經從希臘哲學中考掘「存在之美學」（Ästhetik der Existenz），要我們以隨時面對死亡的姿態存在，這也是呼應西方失落的「死之藝術」的思想傳統。

告別，不只是為了臨終者，也是為了在世者。書中一位臨終者告訴她的家人：我正在將你們訓練成遺屬。此話讓我印象深刻，是啊，為何我們理所當然地覺得，我們可以不接受訓練便走向失去摯愛之人那關呢？為了死，為了活，我們都必須修習死之藝術。

要想善終，也不全然能靠自己掌握，社會也必須做好準備，例如德國在二〇〇七年通過的《社會法》改革，推動了「專業安寧醫療門診」制度（Spezialisierte Ambulante Palliativversorgung，簡稱SAPV），就是協助在生命終點處的人們能夠在專業協助下，以合乎人性尊嚴的方式告別人世。這個制度討論多年，在健保公司反對下仍然通過，因為實在有其需求，公民以社會運動方式將需求反映給了立法者。

SAPV的設計是由受過特殊訓練的醫師、護理師以及其他合作專業人士（例如心理師、社工）組成的醫療照護團隊，原則上由八人組成，負責約二十五萬居民區域的安寧醫療門診。這種門診的特殊處在於，協助每個臨終病患的家醫及照護員，隨時待命提供安寧醫療，可避免病患離不開醫院的困境（根據民調，許多重症者害怕上醫院，因為怕一進去就出不來了），減少醫療資源浪費。這個制度是德國醫療制度的正面發展，讓許多人盼望在家中告別的願望得以成真，也使很多痛苦的臨終者可在更有尊嚴、更安心的狀態下離開。只是可惜因為成本關係，很多人仍無法獲得足夠的安寧醫療照護。

在德國不只有專業團隊陪伴人生暮年，還有越來越多互不相識的陌生人，願意來到孤獨臨終者的床邊，握著他們的手，送他們走最後一程。高齡化國家帶來了許多新的現象，老人獨居情形越來越多，「孤獨死」日漸普遍。這其實是一種當代社會個人化的必然後果，而「臨終關懷工作」（Hospizarbeit）——不管是居家的或是照護站的臨終關懷——正是一種以陪伴來抵抗孤獨化的「團結」。

陪伴臨終者，也是另一種中世紀以來即存在的「守護死者」（Totenwache）

傳統，臨終者的親友們會在最後的時刻來到榻邊陪伴，點起燭光，確保沒有人會孤獨死去。而死亡發生後，親友們會在其遺體旁守護，追思死者的一生，在歌聲中告別，一同承受失去的傷痛。

這樣的文化正逐漸地消失，作者呼籲重建並革新此傳統，並提到德國近年來有越來越多的陪伴者協會，志工們陪著獨居老人走完生命最後一程，因為每個人都應該在陪伴中告別這個世界，作者便說，他很希望德國憲法內能寫入這個條款：「臨終者有不孤單的權利，每個人都有不讓臨終者孤單的義務。」我也贊成。

安樂死的難題

要談死亡，不能不談談安樂死或自殺這個複雜的議題。安樂死在德文醫學名詞中是Euthanasie，但其實更為大眾所用的字是Sterbehilfe——協助死亡。目前安樂死在德國仍然是棘手且複雜的議題，究竟在何種情形下可以允許安樂死，社會始終爭辯不休，尤其在基督教文化傳統以及納粹歷史重擔下，德國不容易在安樂死議題上騰出太大空間。目前德國基本上允許有條件的被動死亡協助（亦即在不可能治癒、生命只充滿不可忍受痛苦的情形下，停止延續生命的療程，使患者能在尊嚴中自然死亡），不允許主動死亡協助，更不用說瑞士所允許的那種職業化的安樂死模式。可是這種模式在越來越多人老去後不堪病痛折磨情況下，逐漸受到挑戰。

本書對於想要結束自己生命的臨終者充滿同情與寬容，但反對職業化的安樂死，也就是說，反對醫護人員為死亡提供協助並以此為其營利模式。德國原來存在醫師提供自殺協助的空間，但在二〇一五年年底時，在基民黨與社民黨主導下，國會通過了《刑法》二一七條，明確地禁止「職業化地協助自殺」（geschäftsmäßige Förderung der Selbsttötung），違反的醫師得處三年以下有期徒刑或罰金，可是親屬的協助不受罰。國會試圖透過二一七條為人的生命定下明確倫理界限（這背後也有教會力量在影響），聯邦健康部長也斷定，協助死亡絕非醫師職責所在；然而，無數的病患家屬控訴，二一七條將他們置於無專業醫護支援的困境，也有反對的議員出面疾呼：面對不得不死的狀況，我們真的要讓那些承受巨大身心痛苦的人，在無醫療知識的家屬協助下結束自己的生命？會不會帶來更多無意義的痛苦？

醫界也有反彈的聲音，本書也提到的安寧緩和醫療權威波拉席歐（Gian Domenico Borasio）便認為二一七條是惡法，因為醫學有其界限，安寧緩和不能夠全然應付病患的苦痛（更何況健保對於安寧緩和醫療限制甚多，能不能善終，也是個階級議題）；此外，該法將使醫界保守化，避談此議題以免有觸法之虞，可是最後將導致那些尋求結束自己生命的人無法獲得充分的專業諮詢。法界也有反彈的聲音，認為此法有違反《基本法》及《歐洲人權公約》有關人性尊嚴不可侵犯以及政教分離的規範。醫界、法界以及相關NGO、甚至是個人目前已提出了十幾起釋憲申請，盼德國憲法法院宣告該法違憲。

未來判決如何、新的國會是否會修法，尚不可知，然而從以下這件事便可以看出安樂死是個刻不容緩的難題。二〇一四年時，德國新教教會理事會主席許奈德（Axel Schneider）宣佈卸下職位，因為他要照顧罹癌的妻子安娜。當時媒體刊出了他們夫婦的訪談，震驚了全德。安娜認為醫師提供死亡協助不該被禁止，她說：「我希望當我走到那一步，希望結束自己生命時，我的先生會陪著我去瑞士。當我飲下毒藥時，他會坐在我身旁，握著我的手，即使這有違他的神學倫理信念。我盼望，愛能夠更強大。」許奈德則說：「這與我的信仰完全相違，我會再與安娜討論。但最後，我也許會違抗我的信仰，為了愛，陪她去瑞士。」

即使最虔誠的神學家，看著自己妻子所受的苦痛，也放下了信仰，因為死亡是如此切身的困境，信仰或法律要強行規範也許會帶來更深的困境。前體育主播傅達仁在台灣帶起了安樂死問題的討論，正是一個契機讓我們思考死亡的意義以及死亡的方式。這本書也是一個好的討論契機。我們會為了新生命的到來做好充足準備，尋求專業資訊，對於死亡，也不該置之不理，任由這個生命階段自然發生。

「有時可以治癒，常常可以減緩，總是能夠撫慰」（Heilen manchmal,

lindern oft, trösten immer），這是醫師這個行業的古老使命，其實也該是我們面對死亡的態度。我們無法強求一定治癒，只能盼望減緩，但唯一可以盡力的就是撫慰，不管是撫慰臨終者身心苦痛，或者是在世者失去摯愛的創傷。本書作者引用了康德話語：「活在其摯愛的人的回憶裡，一個人就不算死，他只是遠去；唯有當一個人被遺忘，他才算死去。」

死亡很強大，但我們可以用新的姿態定義並面對它，以帶給他人撫慰、自己也從中獲得撫慰。愛，能夠更強大。

本文作者為獨立評論@天下「德意志思考」專欄作者．
駐法蘭克福辦事處祕書

目錄

專文推薦　認真活在當下，自在迎接死亡—陳秀丹……004
學習活著四道，更勝於臨終四道—趙可式……008
死亡很強大，但愛，能夠更強大—蔡慶樺……012
前言……027
第一章　聊聊道別的藝術—安奈莉．凱爾與亨尼．舍夫答客問……029
第二章　面對死亡與體驗生命—安奈莉．凱爾……065
逃難的回憶——遺留下的瞬間……066
死亡潛伏在每個角落，但生命卻得繼續……072

人皆有一死，但各不相同……076
有限的生命——一個不斷學習的過程……081
為最後的旅程收拾行囊……083
我們不是獨行俠——在對話中學習臨終……088
在皮囊之下變老……090
道別裡的相遇……096
臨終者自行譜寫最終的旋律……099
無人能逃的通則……102

第三章 被壓抑的臨終——亨尼．舍夫……105
最初的死亡——祖母的臨終……106
臨終文化在工業化時代裡的崩壞……109
母親之死……113
被壓抑的死亡……116
絕望的後果——從壓抑到安樂死……118
關鍵問題：我們想要怎樣的臨終？……122
不能迴避有限性……125

談論無可避免之事……126
臨終陪伴……128
在陪伴中為自己做些什麼……132
公益始於我們自己……137

第四章 道別生命是場人生的挑戰——安奈莉．凱爾……139
學習臥床……140
「死的藝術」與「生的藝術」……147
永恆之謎……152
在自己的人生中變老與理解變老的藝術……157
學著好好說再見更勝於生存的藝術……161
尋找能夠拉近距離的語言……164
談就談，可是要談什麼？什麼才是對的問題？……174

第五章 「製造」臨終——亨尼．舍夫……181
具體地幫助臨終者……182
自主的矛盾……183

擔心淪為負擔……187
給醫生與患者的保護區……194
安寧緩和醫療迎來曙光……199
逃避不是解藥——學習負責……203

第六章 陪在臨終者身邊——安奈莉．凱爾……213

一切都需要時間——不同的時間經驗……214
從臨終裡重新學習，何謂生而為人……216
當死亡走入人生，視野隨之打開……223
道別的恐懼及後果……227
「我不要獨自離去」……233
今日的陪伴者將是明日的臨終者……234
協助者的社會網絡如何運作……239
到了無可避免的終點，重要的是……244
的基本需求為我們指路……246
需要創造力……247

第七章 個人化地處理死亡——亨尼．舍夫

個人化地處理死亡——亨尼．舍夫……253
傳統儀式……254
葬禮文化不斷變遷……257
利用個人的道別的機會……260
葬禮文化的新自由……263
用人生填滿的儀式……269
個人化的考量——適合的儀式……273
匿名安葬……279
新的儀式促進多樣化……281

第八章 直到盡頭的自主——安奈莉．凱爾

直到盡頭的自主——安奈莉．凱爾……285
當過往的生命感受崩潰……286
「我再也撐不下去」……289
渴望徹頭徹尾的自主人生……291
自殺——當一個人親自劃下人生的句點……295
醫療觀點的彼岸——整體地感知體驗……299

自主的脆弱性……304
什麼讓和解的道別變得困難……308
到了終點，重要的是同理心……315
第九章 喪慟與克服——亨尼．舍夫……319
死亡是個人的……320
喪慟需要時間……322
反向關係建立——消除連結……328
公眾悼念……330
阿拉瑪．孔德之死……332
為死去的難民哀悼……337
忍受有限性……340
道別性與責任倫理……342
謝辭……348
延伸閱讀……349

前言

「不管在哪裡，你都能找到比死更好的事物」，這是在著名童話《布萊梅樂隊》中四隻老動物所說的話。牠們的主人認為牠們老了，再也沒有用了，於是就拋棄了牠們。這四隻老動物是對的！憑藉著互助、樂觀和勇氣，牠們達成了看似不可能的事情。四十多年來，我們就彷彿《布萊梅樂隊》那樣生活與工作著，以好友的身分一起慢慢變老。儘管如此，我們依然不求安逸，還想繼續發揮所長，如今就在這本書裡攜手「合奏」。我們認為，就算凡人皆有一死，我們也可以做更好的處理，也就是說，到了人生的最終階段，人們應該學著對死亡做好心理準備，學著去安排自己的道別。我們打算，就自己截然不同的人生經驗及觀點，換言之，身為男性和女性、身為政治人物和學者、身為有著全然迴異的家庭背景及獨特的健康與疾病經驗的個人，來談談「死亡」這件事。我們都希望，能夠藉此帶給大家勇氣，讓死亡一事變得更具有人性、更容易為人所承受，不要等到走到了生命的終點，才被迫無奈地說再見，畢竟，這是我們所有人都必須經歷的過程！

安奈莉・凱爾（Annelie Keil）
亨尼・舍夫（Henning Scherf）

第一章

聊聊道別的藝術

安奈莉・凱爾與亨尼・舍夫答客問

❖為何談論自己的臨終或死亡依然是個禁忌？

安奈莉．凱爾：我們其實都曾試圖去反抗這樣的壓抑。像是媒體裡的戰爭報導，對於致死疾病的公開討論，還有，特別是「臨終關懷」（hospice）運動的工作，致力於積極改善臨終者及其家屬的處境，將臨終和死亡融入生活裡，這一切都對反抗這樣的壓抑有所成效。儘管如此，這樣的禁忌卻依然有兩大主要因素作為靠山。一是所有人對於生命結束的恐懼，這導致了人們難以在人生的旅途中便以開放、自在的態度談論「死亡」這件事，這反倒使得人們到了人生的終點必須承受莫大的孤寂，讓痛苦更為強烈。另一個原因則是奧地利哲學家伊凡．伊利奇（Ivan Illich）所說的「社會醫療化」（medicalization of society）及「醫療的復仇」（nemesis of medicine）。「可行性錯覺」使得健康和疾病成了醫療商品，讓死亡變成是「可操作的」。自然的死亡似乎成了某種企圖避免被科技所降服的幽靈，老化則成了必須被治療的疾病，至於健康，則淪為被「專家」所宰制的犧牲品。

❖為何談論臨終如此重要？

亨尼．舍夫：生命包含了死亡。因此，談論死亡是我們人生的一部分。如果我能談論自己的死亡，我就能在促使這個主題重獲社會關注上略盡棉薄之力。如此一來，我們就有機會，在認清生命的有限性下，清醒地體驗自己的餘生。

❖我們在人生中都必須克服的種種道別，是否就是對最終的道別，也就是死亡，所做的小小練習？

安奈莉．凱爾：在我看來，死亡本身是我們所無法學習的，但我們倒是可以學著去面對「凡人皆有一死」的這項事實。道別是每個人生命中的基本結構。我們的人生始於分娩，我們必須在最初的九個月後道別自己的第一個家。幼兒園畢業、中小學畢業、搬離原生家庭、退休，這無不是在道別。只要我們活著，我們就必須一再建立新關係、一再找尋安身立命之所；正如目前有許多難民前來我們這裡尋求一個安身之地。死亡本身我們肯定是無法學習的，不過，像是某些重大的損失，或是一些類似的情況，倒是可以給予我們些許啟發，因為所有這些人生中的道別都是最終道別的一部分，在這個最終道別裡，我們所要做的就是，放開曾經有過的一切。

亨尼．舍夫：每當我必須道別時，專注於我的生命中還剩下些什麼，總是對我很有幫助。我們雖然無法再繼續擁有全部，但剩下的東西卻依然豐富且引人入勝，值得我們去細細品味。這樣的態度同樣也賦予了死亡一種新的性質。歸根究柢，在走向死亡的過程中，我們必須改變視角，重要的不再是，不斷地去創造和適應新事物，重要的是，去終結某些事物，去做出總結，去專注於過去曾有及眼下還有的事物。我現在越來越常會去回顧過往所發生的事情。我曾經達成了什麼、達不到什麼。我在哪裡有所作為、在哪裡毫無建樹。在回顧這些事情時，我不會再抱持著自己還能挽回些什麼的希望；事情既然發生了，就再也無法改變它發生的這個事實。然而，能夠再次回憶起那些事情，能夠再次讓自己意識到那些事情，我覺得既重要、又可貴，我會在這當中鍛鍊自己。

❖中古世紀的基督教徒會去修練所謂的「死的藝術」(ars moriendi)，他們會以「寄希望於天堂」作為修練的手段。時至今日，我們所要做的，是否就是在找尋一種現代的或後宗教的「死的藝術」？

亨尼．舍夫：我們想要打破在這個文化圈中強烈地與死亡糾結在一起的懦弱與不理智。我們想要告訴大家：死中有生，生中有死，這兩者密不可分。我們所要指出的是，不要去逃避死者或臨終者，不要去對此設下禁忌，然後說，我們應該盡可能一天到晚嘻嘻哈哈，接著有朝一日我們則會像被雷打到那樣突然倒下。因為事情不會是像這樣。我們所關心的是，那些面臨死亡的人，能夠在自己周遭找到一些會說「我們就在你的身邊，我們會陪伴著你」的人。這樣的一種態度，我不會把它稱為是「後宗教的」，而會稱為是「人道的」。這可以說是一種「寄希望於人」的態度。

❖所以這是一種可以提供給清明之人的「死的藝術」，他們相信生命終結在死亡裡。

安奈莉．凱爾：是的。「死的藝術」貫穿了整部哲學暨思想史；我認為宗教也是這部歷史的一部分。「死的藝術」總是和「生的藝術」緊密相連。生命的奧祕在於，它為每個生命都寫了截然不同的劇本。就這點來說，像我們這種能夠認同自己畢生事業的人，可說是獲得了極大的恩寵。事實上，我見過不少無法對自己一生的表現引以為傲的人。

❖我們如何才能體認到，人並非總是能心想事成？

安奈莉．凱爾：「生的藝術」也包含了接受命運。對我來說，這是頗具心靈或宗教意味的事情，其中同樣也充滿著濃厚的人性。接受命運是一種藝術，先是借助「悲傷工作」或「哀傷工作」（grief work），去接受那些在人生中未能圓滿完成的事情、那些在某次道別後無法再續的事情，然後準備好從「零」，或者好一點從「一」開始。如果沒有在人生的過程中稍加整頓、清理，我們根本做不到這一點。稍加整頓、清理可以讓我們清楚地知道，什麼還能夠接著進行、什麼則已經走不下去。這同樣也涉及到諸如耳背、行動不便等等，上了年紀之後身體開始不聽使喚這一類令人沮喪的小事。但我們卻需要這樣的時刻，才能夠去接受，配戴助聽器可以輔助聽覺，使用助步車可以幫助我們上街、幫助我們購物，甚至還可以幫助我們輾過惡鄰的腳！只不過，唯有當我們能夠放眼於那些剩下的東西，這些潛在的可能性才會隨之開啟。

亨尼．舍夫：我們嘗試傳授給兒童和青少年的「挫折容忍力」，可說是能夠妥善應付人生中種種道別的一個前提。

安奈莉．凱爾：在「生的藝術」中難以學會的東西，在「死的藝術」中只會更難學會。「耐性」是能夠順應生死的一項極其重要的能力。在我們小的時候，我們經常得要使用這項耐性能力，譬如，當我們正玩得高興時，突然被大人叫去寫作業或做家事。然而，長大成人之後，我們卻變得一點耐性也沒有，尤其是，在這個凡事都講求迅速、效率的時代。時至今日，人們甚至講求效率到，經常會對臨終者感到不耐煩，而且還會質疑如果社會允許臨終者全都按照自己的方式和節奏，在自己家或臨終關懷醫院裡離開人世，那這個社會究竟能夠負擔多少的臨終者？這是帶領我們去思考「主動安樂死」的一項爭議。

亨尼．舍夫：我學會了「順應」這個概念。「順應」並非代表我必須放棄、必須聽天由命。「順應」所指的是，我在自己的要求上簡約、知足，並且試著依據我所剩下的東西、憑藉我還擁有的能力去做些好事。

安奈莉．凱爾：「耐性」與「順應」彼此相屬。「順應」是一種深層的精神態度。因為在順應中還包含了感恩。我認為好的政策必須以心靈為導向，必須能夠促進公益，必須重視人性尊嚴，必須以「對生命的敬畏」作為實踐的核心。

講求人道的臨終文化也需要這樣的取向。身為臨終者，他們相對於其他的生存者屬於少數，必須要有人站出來捍衛他們的權利。一個人的尊嚴不該終結於臨終時的臥榻。

亨尼．舍夫：我不是孤獨地去經受死亡，而是在我臨終時會有人在我身邊陪伴我、幫助我，這點具有生存的意涵。如今有許許多多的人都是孤獨地離開人世，沒有人在他們臨終之前待在他們身邊，沒有人在這人生的最後一哩路上陪他們說說話、回應他們的想法或心願，這樣的處境實在太過艱難！因此，設法脫離孤獨的困境，環顧一下，自己是否真的找不到半個人可以分享自己的人生、或是自己最終的數月或數週，這至關重要。

安奈莉．凱爾：諸如孤獨、無人聞問的問題、遭受摒棄的經驗、再也無法獲得必需品等等，這些都是人生的核心問題。當一個人越來越無法行動自如，當一個人再也無法離開家門，當一個人就連取得外界的援助，無論是向醫生、護士或朋友，都很困難，這時問題將急遽惡化。

不過，就算在養老院裡的群體中，一個人也可能會感到孤寂。「再也沒有人陪在自己身邊」，一旦走到了這樣的地步，一旦陷入了這樣的危機，這種心情特別會讓老年人感到恐懼。這當中往往牽涉到了「心靈缺席」，牽涉到了「被人遺忘」的感覺。在陪伴臨終者的過程中，人們可以一再觀察到這一點。臥房總是冷冰冰的，失去了起居室的意義。過世許久的配偶從前曾經睡過的那張床，現在看起來空空蕩蕩的。而今，尚在人世的另一半就要死在同一個房間裡。只是偶爾會有人進來瞅一下。當然，這些臨終者都獲得了照顧。但人生卻是在別處上演。那些彼此不太有往來的家人，那些彼此有著大小衝突的家人，那些覺得不堪負荷的親屬，歸根究柢也不會成為充滿關懷的臨終陪伴者，不會手牽著手陪著臨終者迎向人生終點。

亨尼．舍夫：儘管如此，不要獨自一人，對我而言，卻是最基本的。如果我身為臨終者留在老人院裡，也許會把自己的房門開著，這樣我還是聽得到其他人在做些什麼，這或多或少都還是有點幫助。若是完全孤獨，再也沒人上門探訪，自己也不曉得左鄰右舍都是些什麼人，這種處境就真的很艱困。

安奈莉．凱爾：沒錯。我想說的是我們必須看得更深入，無人聞問和孤獨的情況到處都有，不一定非得在高樓大廈裡。因此，在布萊梅和其他一些地方，都有電話問安的服務。對於那些除了照護服務以外幾乎都是在獨處的人，每週一、兩次的問安電話，會讓他們的心境大為不同。除了臨終關懷運動，目前也有許多人會在教會、鄰里、社團中鼓吹，一起攜手對抗這個孤獨的過程。萬一，在臨終的過程中，家庭裡的各種衝突又再度鬧得沸沸揚揚，那麼就連家庭也是需要一些協助。此外，那些長年犧牲自我去照顧另一半的配偶，他們對於自己的臨終也會日益感到恐懼，他們往往都會不禁惶惶不安地自問：將來誰來陪我走這最後的一段路？我們不僅得去關懷自己身邊的人，我們也要設法提供給陌生的人幫助。我們的規制並沒有那麼糟糕，「安寧緩和醫療」方面也是一樣，這是專門針對包含居家在內的病危者所發展出的醫療與照護服務。只不過，我們同樣也要督促他們。因為他們根本不在乎，住宅是否有被打掃、碗盤是否有被清洗。人生是共存的。我們總是與其他的人相連，為何在臨終時該有所不同？可是這樣的事不會自動發生。

亨尼・舍夫：前不久才剛過世的一位好友，他的情況也是如此。長久以來，他的家人都希望他能待在自己家裡，可是，由於他的年老體衰，最終他還是搬去街角的一個「照護住居共同體」（Pflegewohngemeinschaft）。他的太太隨時想見他都可以去找他。在他們接受這樣的安排之前，他們曾經爭執過好幾年。

安奈莉・凱爾：如果沒有道別過去的生活，這根本行不通。人們必須先歷經這樣一個決定；這得去面對所有的生活模式、習慣、罪惡感，當然還有臨終者。因為臨終者也還尚在人世，這意味著他們必須接受某些會讓自己不太愉快的事情。需要幫助、必須受人照顧、面對死亡，這一切決不是什麼祥和、快樂或像吃吃蛋糕那麼輕鬆寫意的事情。家屬在將臨終者送去臨終關懷機構照顧時，他

因。這與我們的個人經歷有著密切的關係。事實上，在過去很長的一段人生歲月裡，我都是過著未受保護的生活，我是個單親孤兒，曾待過育幼院，當過流離失所的難民，我的母親是個一肩挑起重擔、卻也十分粗暴的女性，這些全都影響到了我日後的工作。我的種種計畫，都是由我過往的經驗在不知不覺中所促成，譬如，與「慈善廚房」（Suppenküche）這項計畫有關的個人經驗就是：妳自己也曾經挨過餓！我在小時候就學會了組織的重要性。人們需要頭上有片屋瓦，需要衣食無虞。我也很早就明白了這些需求。所有我在書本上所獲取的心身醫學知識，我也在實踐中得到了一些印證，例如藉由我經常生病的這項事實。我針對乳癌和心臟病方面所發表的各種研究，多多少少也都和我個人的經驗有關。這不會是人們所希望得到的。但這倒是拉近了我與事物及人群的距離。從身為小孩，到身為少女，一直到身為女人，一路走來，我經歷過深深的孤獨。我所盼望的一切，擁有家庭及子女，這些我都未能如願。所幸，我總是還有像亨尼、他的太太露薏絲及其他會來醫院幫我的朋友，他們給予了我關注及認可。如果沒有這些人，我的人生恐怕就無法過得這麼好。綜上所述，我堅信，每個人都必須為自己去查明，自己如何能夠活出一種面對自己與他人的人道文化。

❖你個人的經歷又是如何將你變成了一個行動家？

亨尼・舍夫：我的經歷與安奈莉完全不同。我出生在一個大家庭，身為認信教會的成員，我們家在納粹時期飽受威脅。在我父親入獄、我母親重病之後，我們六個兄弟姊妹就和奶奶相依為命。我深刻地感覺到，自己並不孤單。此外，由於我們的父親十分虔誠，因此我們幾個孩子也都堅信，我們一定會在上帝的保佑下挺過難關。這種人們必須和衷共濟的基本情感，我也一再地傳遞給其他的人，其中包括了我的太太露薏絲、我的子女、我的朋友，當然，也包括了我在政壇上的同志。像是布閭克納（Herbert Brückner）、雷姆克（Willi Lemke）、柯許尼克（Hans Koschnick）等人，他們並非只在有求於我時才會偶爾來巴結我，而是我在政壇上最忠實的朋友。威利・勃蘭（Willy Brandt）的兒子也是。連同馬蒂亞斯．勃蘭（Matthias Brandt）及我的兒子克利斯提安（Christian Scherf），我們持續在尼加拉瓜執行我們的援助計畫。順道一提，如果沒有我最小的女兒，恐怕根本不會有那些計畫，她是我們之中第一個去到那裡的人。這樣的事情單打獨鬥是做不來的。

安奈莉．凱爾：身為公民，挺身而出是必要的。公民社會的參與不是人生正餐之後的甜點，不是根據「我現在還有點時間」這樣的格言。不，這種必要性必須身體力行。亨尼的家庭，包括重病的媽媽、入獄的爸爸，還有奶奶和其他的兄弟姊妹，他們不是負擔，而是潛力驚人的資源。我的情況正好與他相反，沒有家庭；不過，從我還是個小寶寶起，我的成長過程就一路把我推向一些「心靈親屬」。基本上，我可謂是妥善成長於社會教育之下的孩子。小時候我曾待過波蘭的一家育幼院，那裡的伊萱阿姨和伊爾絲阿姨，每晚都會給大約四十個院童一個晚安之吻，至今我還經常會想起她們。在我讀女校時，有位女老師曾經幫了我一把。當時每個月的二十號，她總會用一只信封裝四十馬克給我，這在那時候不算是筆小數目，因為她發現到，從二十號以後，我就會窮到買不起東西吃。在參加高中畢業考試時，我不幸陷入了嚴重的憂鬱，於是我的宗教老師就跪在我身旁，對我說：「凱爾，妳至少要寫點東西拿個『五』，這樣我才能讓妳參加口試！」如果我當時拿個「六」，我就出局了。這就是公民社會的參與。這種發現有人挺你的經驗，我也曾有過。除此以外，宗教對我來說也扮演了一個重要的角色。我的母親是個很頑固的無神論者。但我卻瞞著她偷偷去參加主日學，而且還發現了一本史懷哲（Albert Schweitzer）所寫的小冊子。到了十二歲的時候，我不顧母親的反對，堅持受洗；當時我心想如果像史懷哲這樣的人物都加入了教會，這個組織就算壞，也不會壞到哪去！然而，後來在我見到了教會在南非的所作所為，我便退出了教會。不過，直到今日，我倒是依然堅信，身而為人，我們確實可以有所作為，而且我們都緊繫於一個更大的秩序裡。

❖你們兩位現在正要度過古人所謂的「人生的黃昏」或「遲暮之年」。這代表著，從工作崗位退下後可能長達數十年的休息，也許家中還有子女陪伴，也許偶爾會去整理整理花園，不過漸漸地會年老體衰，最終將與世長辭。然而，你們兩位卻與同齡者完全不同，依然十分活躍。你們是否會感受到些許的社會壓力呢？

亨尼．舍夫：我個人是沒有感受到這樣的壓力。每當有人問我，我到底是如何辦到的，我反而會覺得對方似乎還比較有壓力。不過，在這個過程中，我也逐漸明白了，過去我能夠做到的那些事情，如今我已不再能全部做到，我的日常生活必須降格以求。我會試著借助談話，甚或公開談話，來忘卻自己的損失、自己日益衰退的能力。

❖妳的情況又是如何呢，安奈莉？

安奈莉．凱爾：展現自己的工作成效，這並不會讓我感到有什麼壓力。不過，另一方面，我倒是覺得這提供了我們這一代人一個機會，能夠與年輕一輩多接觸，甚至傳承我們的一些經驗。我們是這個文化圈裡的第一代，在退休之後還能有二十到二十五年的餘命，這種大規模的人口結構變化，可說是一項重大的社會里程碑。在我年輕時，老年人在六十五歲退休，七十五歲就撒手長辭了。然而，對於個人而言，如同對於我們這個世代而言，能夠長命百歲總歸是好事一樁，這並非奢望。只不過，現在我們當然必須「配合」我們的社會保障，「人生的黃昏」總也與「人生的正午」及「人生的早晨」密不可分。

路必須是從個人走向群體。不過，我自始至終為群體所做的一切，說穿了其實是在為我自己。身為一個獨居的女人，萬一有一天我再也無法外出，無法去我的「慈善廚房」，無法去演講，無法去某個中小學和孩子們聊聊幸福這個主題，那麼我的生活將變得乏善可陳。如今這段漫長的人生黃昏要比古人來得更多采多姿，這當然並非奢望，但我們倒是不再「必須」如何如何。時下常說的「必須」永保年輕、「必須」健健康康活到百歲，簡直就是鬼扯。生病的人、殘疾的人，或單純只是不想再承受些什麼的人，同樣也可以變老，就算只是坐在電視機前。

亨尼．舍夫：這套「永遠年輕」的概念其實是種行銷策略。事實上，在我所見到的人當中，無論是在私底下、還是在演講的場合裡，只有極少數的人，到了老年，還能生龍活虎。

安奈莉．凱爾：我並不想要以前空翻的方式跳進棺材裡。我希望能被四個親切的好人抬進棺材。遺憾的是，當時候到了，他們恐怕也都老的走不動了。從前一個人活到七十七歲，就足以令人感到自豪，如今就算活到九十歲，也不算什麼稀奇的事。這種永遠年輕、永遠健康的想法，卻也給了年輕人錯誤的印象。彷彿從今以後老年人都得在永遠健康的狀態下慢慢變老。不，情況並非如此。如同我們過往那樣，我們會以在各自的歷史脈絡與社會結構中可能的方式健康、生病、老化。有位三年級的小女生曾經對我說：「我的阿嬤有顆年輕的心。」我覺得這是個很棒的註腳，許多小孫子小孫女也都會這麼形容自己的祖父母。

❖在我們這個講求效益的社會裡，我們是否也必須特別辦好死亡這件事？

安奈莉．凱爾：拜託不要這麼說。在這方面，順從命運也是很重要的。也就是說，不必去探究當我死的時候我是幾歲，不必去探究當我死的時候我是處於什麼狀態之下。死亡同樣也會降臨在身強體健的人身上，我們應該明白這一點。我們確實可以推延這個或那個，但歸根究柢，這種「永遠年輕」的概念，卻是一種對談論有限性下的新禁忌。這是為了把人一路到老地操作成可被支配的買家或消費者。每當我去老人商展逛上一圈，我就會不禁搖頭嘆息。現場有不少的商品確實是很有幫助，但商品種類卻琳瑯滿目到簡直是荒謬的地步。的確，器具確實可以讓生活更便利。如果有張護理床，我可以躺在床上打開電視或打開窗戶，這確實能為我在自主方面留下一些餘地。儘管如此，我也還是必須學著去接受，「生命是有限的」這項事實。最終能夠幫助我的，並不是肉毒桿菌，最終能夠幫助我的，只有那些向我伸出援手的人。

❖你們為什麼要推動讓死亡這件事情更加人性化？

亨尼．舍夫：我個人深深地體會到，廣大的民眾都會壓抑死亡這件事，他們也不願意在自己的生活中去接近臨終者。他們會依賴各種機構，讓這個議題離他們遠遠的。然而，許多人渾然不知，這對生命深度與生命意識來說都是極大的損失。藉由有意識地思索、鑽研和闡釋死亡，我們可以提升生命的價值。如果我們切斷了這一切，我們也就剝奪了自己生命的可能性。我們就好比快轉了自己的人生，欠缺了廣度與深度。一個人如果無法正視老年、年老體衰和死亡，他同樣也將無法享受並珍惜美好的時光。這種態度是對其他的生命處境缺乏同理心的一個原因。由此催生了一種漫不在乎的心態，這樣的心態又被我們這個無名大眾社會給大幅強化。唯有透過讓個體的生命在群體中再度變成是可以察知的，我們才能打破這樣的趨勢。這當中也包括了，不要讓人在孤獨中死去。

安奈莉．凱爾：我們致力於臨終關懷，同時也協助每個人尋找在自己人生中能讓自己感到驕傲的亮點。把三個孩子撫育成才，儘管薪水不多卻還是盡忠職守，這些都是很偉大的人生成就。唯有當我能如此評價自己，我才能想像，和我在一起能讓別人感到快樂。這點適用於老年人——也許那些陌生的小孩覺得我很棒，因為我總是會朗讀一些故事給他們聽；這點同樣也適用於臨終者——也許臨終關懷醫院裡的護士對我的人生經歷很感興趣。在人生的最終階段，一方面回顧過往已寫下的東西，另一方面樂意繼續寫下去，這是「人生傳記」的重要任務之一。古典的音樂之父巴哈（Johann Sebastian Bach）就是絕佳的案例。他命運多舛，儘管一生在音樂之路上遭逢許多挫折，他還是一再投入下一個合唱團，到了晚年時，即使知道了，別人找了一個新的合唱團主事來頂替他，他依然不改其志。這種不屈不撓的精神，是你我都需要的。

❖在這當中，臨終關懷運動扮演了何種角色？

安奈莉．凱爾：類似於教育，我們不能把臨終和死亡轉讓給國家、轉讓給某些協會或某些機構。老人院或加護病房裡的護理人員無法一肩扛起這整個負擔。臨終關懷工作旨在讓成千上萬的人明白，他們的臨終和死亡是他們自己在有生之年的一個課題。由於他們現在還沒到臥床等死的地步，對他們而言最合理的就是向那些現正瀕臨死亡的人學習：療養院該設計成什麼樣子、安寧緩和醫療部門該如何規劃，以及什麼才是良好的臨終陪伴？

❖但我們同時也身處於一個照護人員短缺的時代。

亨尼．舍夫：因此我們也得依靠人們自動自發地自願參與。專業的服務同樣不可或缺，特別是對於那些沒有親屬的人、沒有地方走完人生最後一哩路的人，還有那些再也無法居家護理的人。臨終關懷運動的可愛之處正是在於，在鄰里和社區中，人們自動自發地互相照顧。他們促使我們能夠待在一起。他們昭示了我們，我們人類可以在他人臨終時陪伴他人走完人生的最後一段路。他們為我們證明了，我們也能這麼做。

❖安奈莉，妳單身、未婚，在妳臨終時，妳所害怕的會是什麼？

安奈莉．凱爾：我不會感到害怕，我一直都在做準備。舉例來說，我已經找好了一家老人院，我並不想要到了需要護理的時候才搬進去住。我希望在我下定決心搬進去住時，那裡會有一個位子。那家老人院也設有一個安寧緩和醫療站，也就是一個醫療部門，但他們不會對身患不治之症的臨終者施予治療，只會給予緩和疼痛的協助，如此一來，我也就不必再搬到某家臨終關懷醫院。此外，自從布萊梅有了兩家大型的臨終關懷醫院，而且我也親眼見證了，臨終者在那裡獲得了怎樣的陪伴，對於臨終我就不再有什麼恐懼了。我的朋友沒有人能像那樣陪伴我，就算我有家人，他們恐怕同樣也不能。不過我倒是還沒有下定決心，因為我還是依戀著我的「狗窩」。可是如果要待在自己家，我就必須自費請個看護，而且還得改建一下我的房子，這樣護理人員才能有自己的浴室。這不僅牽涉到了成本的問題，而且還牽涉到了，當我或許已不太能夠省人事時，我還能擁有多少自己所熟悉的環境。但這些事情倒是不難解決。

我比較擔心的是，萬一我突然發生了什麼意外，我可能無法自行求救。萬一我在浴室裡昏倒，或是在濕滑的磁磚上滑倒，那時該怎麼辦？從何時起，我該在自己的脖子上掛個緊急求救鈴？當我需要某人幫助時，那個人會在哪裡？也許他正好與我錯身而過。過去我經常生重病，所以這樣的擔心我其實並不陌生。我並不畏懼臨終和死亡本身，我所擔心的只是在這道別之前的生活。

❖ 與什麼道別？

安奈莉・凱爾：與人道別；我已經失去了許多的至親和好友，所以我在這個人世間變得越來越孤單。還有和我的工作道別，我目前還經常在各處演講。我的單身生活總包含著一些非常黑暗的階段。不過，當我受邀前去某個地方演講，接受現場一、兩百人的歡呼，有時還會有人送我很大一把花束，這會帶給我很棒的感覺。我總是把這樣的感覺形容成是我的「甘霖」。我會害怕向這一切道別，因為我知道，此後我的生活將全然改觀，將變得更單調、更無聊。看著自己坐在一張椅子上或躺在一張病床上，以大同小異的方式享受剩餘的每一天，期待著洗澡的時間，期待著某人的到來，或是期待著某個節目的播出，對我來說，這需要極大的勇氣。

❖亨尼，你經營了一個集居社區（Hausgemeinschaft），你有妻子、子女和孫子，你應該沒有什麼好害怕的吧？

亨尼·舍夫：如果可以的話，我想多活一段時日，因為我還想實現自己的許多理想和心願。可是，活得越老，我就越明白，自己再也不可能完成所有的理想和心願。道別是個過程，我正身處於這個過程中。我們會在這個集居社區的大家庭裡一起變老，在過去這段時間裡，我們共同的一些朋友相繼離開了人世。每回我們都會自問，往後的日子我們到底該怎麼過？我的感覺是，雖然我們每個人都有所差異，但我卻從不曾在哪位朋友身上感受到恐慌或真切的恐懼。

德國哲學家布洛赫（Ernst Bloch）曾說：「唯一讓我還感興趣的，就是我的死亡。」當時我還年輕，這樣的話不太能引起我的共鳴。不過，如今我離死亡越來越近，我對這段話的感觸也越來越深。近來，我幾乎每星期都會寫封悼念信給某人，藉以喚起我們共同的記憶。每次我都會想，究竟為何，逝者已逝，而我卻依然還活著，我會想，如今生者必須在沒有逝者的情況下繼續完成自己的餘生。這個議題對我來說變得越來越大……然而，當它變得越來越大，我的恐懼就越來越小，而且我也越來越沒有去改變它的壓力。如今我很喜歡閱讀他人所寫的關於死亡的文章。從前的我恐怕是不會這麼做。但現在我卻會刻意去尋找針對這個題材所寫的文章。我如何才能熟悉死亡這件事，這其實是個人類的大哉問。

著我的想法，那就是：一個人的存活並非理所當然！一次心肌梗塞，三度罹癌，切除甲狀腺，童年時罹患傷寒、痢疾等等，死神似乎總是在我的身邊伺機而動。即使是現在，我也不認為自己不會再罹癌。我相信，這些過程都存在於我們身上，有機體有它自己的節奏，偶爾它就會給我們帶來些什麼，像是過敏、糖尿病或諸如此類的事情。疾病或危機不必然會讓一個人變得更聰明，同樣也不必然會讓一個人變成受害者。遇到這種事情的時候，我總是會一再地問自己，我現在得要學會些什麼，才能幫助自己度過這個難關。這是我的人生原則。埋葬恐懼也包含在其中。我會告訴自己：「妳現在沒時間去害怕，妳必須想辦法活下去！」這點我早在兒時就已經領悟。不過，我倒是認為，人生中的危機，就大破大立的意義而言，可說是很重要的推進劑。就這點來說，我會贊成：是的，罹患疾病是能改變一個人的觀點。此外，有許多曾經身染重病的人也都會表示「我現在才知道，什麼是重要的」、「我現在才知道，誰是我的朋友」。這時他們確實領略到了我們在這裡所說的，一個人將自己的有限性理解成某種人生的邀請。布洛赫及其他一些人曾表示：對死的恐懼其實是對生的恐懼。如果你清楚地意識到生命終有盡頭，並以此狀態活得越久，你就越能承受這種存在的蒙受性。當我以這方面為題發表演說時，我第一個問聽眾的問題往往都是：「你們究竟為何想要活得更老？」聽眾會一時答不上來而面面相覷。但我的問題其實很簡單，我想問的不過就是：他們的目的是什麼、他們的願望是什麼、他們想要擺脫些什麼或達成些什麼、他們想要在什麼地方採取主動或在什麼地方採取被動、他們為什麼想要活到終老？

❖你希望自己怎麼樣離開人世，亨尼？

亨尼．舍夫：我希望在我的家人陪伴下。我也很希望，在我臨終時，有人在我身邊跟我說說，在我身上現在正要發生些什麼事。我希望，到時我的身邊會陪伴著那些與我有默契的人。我希望能夠清醒地離開人世，我希望盡可能領略到屆時發生在我身上和我周遭的一切。然後，到了某個時刻，一切就都結束。我猜想，接下來，除了一大片黑暗，恐怕什麼也不會有。但我也無法排除任何可能，畢竟我根本不曉得，到時情況會是如何。總之，對此，我還滿好奇的。我曾經和一個團隊駕著帆船環遊格陵蘭，我們在格陵蘭東部遇上了一場颶風，那裡既沒有港口、也沒有船隻，沒有人能為我們伸出援手。由於我們知道再怎麼掙扎也沒有用，索性就將所有船帆收起，船舵固定，然後全員躲進船艙裡。當時我在想，也許我們的時候到了，我們很可能會在風暴吹襲下撞上一座冰山，接著船隻就會解體，然後我們的生命就會戛然而止。於是，我就在臥鋪裡躺下。突然間，我的一生猶如電影般在我眼前快速地上演。我就像看著電影螢幕那樣，看著自兒時起的畫面一幕一幕地播放過去。無論如何，我當時顯然喚起了許許多多埋藏已久的影像。順道一提，從前我們其實沒有攝影機。我就躺在那個臥舖上，以極快的速度瀏覽了自己的一生，十分混亂，十分鮮明，充滿了驚喜，充滿了擔憂，卻也充滿了美妙的體驗。當時我在想：看哪，現在我要上路了！

❖當時你是抱著等死的心情？

亨尼・舍夫：沒錯。

❖那麼妳呢，妳希望自己怎麼樣離開人世，安奈莉？

安奈莉・凱爾：我希望自己能死在某個人的懷裡。被擁抱是我這一生中最欠缺的感覺。我是個很需要身體接觸的人，我喜歡觸碰的感覺，可惜在這方面我卻有著很深的遺憾。就算到時我必須插管，我也希望，有個對我不是那麼陌生的人，能夠抱抱我，送我一程。長年身患各種疾病，我很清楚，如果不是熟識的人，這樣的身體接觸，往往都是很草率、馬虎。不過，對我來說，這個願望既是心靈的、同時又是肉體的。正如德國神學家潘霍華（Dietrich Bonhoeffer）那著名又感人的詩句：「被良善的力量美妙地環抱著……」這是一種極具人性的渴望，從出生到死亡。我在麻醉狀態下所體驗到的：「以別的世界為家」，這點體悟總能帶給我莫大的安慰。「死亡並非終結」，這個信念對我頗具安撫的作用。不過，我對死後的世界並沒有什麼人格化的生命想像，我唯一的畫面就是，自己被聖靈或造物主所擁抱。我的一位朋友死後，她的媽媽在某個禮堂的另一邊看到了她。我或多或少可以肯定，我現在所活的生命將會結束，某種別的東西會在一場完全的瓦解與變形下跟著開始；蠕蟲則會在這當中參上一腳。

❖每個人在臨終之際都想被擁抱嗎？

安奈莉．凱爾：那可不一定。先前我曾陪伴過一位太太，當時她的先生剛過世不久。在那之前她有整整兩個星期都待在醫院裡，睡在她先生的隔壁床陪他，他需要這樣的親密。我有一位名叫荷嘉的好友，在她臨終時，她的兩個女兒陪她躺在一張小小的床上，因為這是她想要的。不過我也認識一些並不想要如此的人。有個男人從某個時刻起就不斷推開自己妻子的手，這讓她十分難過。在和許多人進行過對話之後，我逐漸了解到，其實有不少人是希望，能夠獨自走完人生最後的一段路。也因此，例如德國哲學家宋雷特（Alfred Sohn-Rethel），正是趁著妻子去拿咖啡時離開人世。別讓這些往心裡去，是生者的一個課題。也許，「只要你接觸到人的手，你就無法安心地走」，這樣的想法可以讓生者比較釋懷。不被遺棄，這點對每個人可能有著各不相同的意義。某些人可能會希望全家都在自己的身邊，某些人可能會希望自己能夠安安靜靜地走，某些人則可能會希望其他人等在走廊上的門邊就好。安寧緩和醫療部門的專業人員和業餘協助者，會盡力找出每個人個別的需求。另一方面，我們也必須諒解，將一位臨終者擁在懷裡，這也不是每個人都做得到。

亨尼·舍夫：不是每個人都受得了去擁抱一位臨終者，也不是每位臨終者都受得了被人擁抱。因此，我們必須共同照顧一位臨終者，如此才能總是可以找到某位能夠提供親密感的人、某位能夠知道臨終者的需求的人，以及某位能為臨終者緩和痛苦或呼吸困難的人。對我而言，這是人道意義下的「安樂死」。這樣的安樂死賦予了臨終者最大程度的自主可能，而不是簡單地利用一劑注射去終結一條生命。

第二章

面對死亡與體驗生命

安奈莉．凱爾

逃難的回憶——遺留下的瞬間

我們從自己的人生中學著迎接自己的死亡。

理解脆弱性與生存威脅，這代表不斷重新在自己的生命中遇見自己、不斷重新體會所發生的事情、不斷重新參與永遠的「逝去與形成」，即使我們不想知道或不願承認，某些事情是如何與為何發生在我們身上。初次面臨一些嚴峻的威脅和死亡時，我並不曉得這會對我的人生造成多麼深遠的影響，更別說能夠事先預見。

一九四五年一月十七日，當時我才六歲大，我被迫與我的母親從切霍齊內克動身逃往西方，那是位於波蘭的一個小型礦泉治療地，同時也是希特勒的一個野戰醫院城。我是在那裡的一個納粹黨所屬的育幼院裡長大的，那個育幼院是在一九四〇年時從我的出生地柏林遷往波蘭，這與希特勒將波蘭德國化的殖民戰爭狂熱有關。波蘭的居民遭到驅逐，財產被沒收，如不遠走他鄉，恐怕難逃一死。我們這些德國人，或是自願、或是被迫，就這樣移居到了波蘭。在我們這些德國兒童到來前，是哪些波蘭兒童曾經待在那家育幼院裡？他們後來又都去了哪裡？日後想起這些問題，總是一再令我感到不安。

在戰爭結束幾個月前，希特勒於一九四五年一月下令，所有的德國人必須立即撤出波蘭。我的母親不想丟下我一人獨自逃亡，於是就在我六歲生日的那個早晨，不顧院長及護士的反對，沒有事先通知就逕自把我從育幼院裡帶走；他們原本打算次日才開始進行育幼院的撤離。我就在懵懵懂懂、不明就裡的情況下，被迫與自己所熟悉的「育幼院家庭」分離，牽著一位其實是相對陌生的女人的手，開始了一路向西的長途跋涉。這可說是某種「戰爭與戰後之路」。這趟旅程直到一九四七年才結束：先被俄國與波蘭俘虜、接著又於佛里德蘭的邊境中轉營待了兩年。對於那場痛苦的道別，如今我仍然記憶猶新。

當時天寒地凍，我用一個小雪橇拖著自己的生日蛋糕，穿過厚厚的積雪，走到了火車站。為了搭車，被催促要逃亡的人們，必須前來這裡集合。我們在開放的貨運列車裡，無止無盡地等待著出發。天空一再被信號彈給染紅，高射砲的聲音不絕於耳，附近的某處顯然就有個戰場。整整兩天之久，總是只有火車醫院能夠通過，其他的火車再也不得駛離切霍齊內克。最後，所有等待著的人們，也就是婦女、兒童和一些年長的男性，便在火車站裡形成一些團體，接著便以大約五十到一百人為一伙，在沒有組織、沒有計畫、沒有援助，而且或多或少感到絕望下，開始徒步向西前行。

每個人，包括我們小孩在內，都把自己所能攜帶的重要物品背在自己身上。像是保暖衣物、羽絨被、床單、相簿、證件、娃娃、食物等等。多年來，我曾把一個裝有甜菜根糖的牛奶罐當成寶貝收藏。在路途上再也無法攜帶的東西，全都得要棄置路旁。就連逃難的人群也日益減少，因為，一路走來，人們也逐漸精疲力竭了。我不曉得，那些人會怎樣，也不曉得，留下對他們是否就意味著死亡。在逃難的途中，問東問西是不被允許的。

從一九四五年年初起，整個波蘭似乎都在逃亡。許多村莊都早已人去樓空。誰該逃避誰、誰該害怕誰、誰是敵、誰是友，這一切全是那麼地模糊、混沌。當時沒有一個人為我解釋，我們究竟為何要逃、我們究竟受到了什麼危險的威脅、這段旅程究竟要持續多久、我們的目的地究竟又是在何方。我必須自己去找出這些問題的答案。

身為育幼院的院童，我從未體驗過家庭的溫暖和保護，我從小就得靠自己。也因此我學會了如何去面對孤獨和不安。我在很小的時候就已經曉得做人必須保持警醒，此外，如果想要獲得那些生活所不可或缺的必需品，若不是依靠幸運，就得要努力打拚。當然在我還是個小孩的時候，我一無所有，我沒有吃的、沒有喝的，更遑論一個自己的房間，或是一個遮風擋雨的住所。生命並未承諾給我們什麼，但它卻履行了很多，尤其是那些我們與他人共同完成的事，那些我們形塑自己的事，還有那些我們獲得餽贈的事。在六十年後，我終於有機會把這一切寫在我的書裡，將我在人生最初的階段所經驗和學習到的事情做個總結。

在我們這個小型逃難隊伍中，一如先前在育幼院裡，我馬上就在組織上被賦予了任務，我被挑選出來擔任勇敢的小小「偵察員」。逃難的人所要做的無非就是不管再怎麼困難，都要照顧好自己，向前看、和衷共濟。每當我們接近一個村莊，我就得上前探查一下情況、觀察一下環境。如果得去偵察一下，村莊裡是否還有人居住、是否早已人去樓空、有無可以過夜的棲身之處、有無可以裹腹充飢的東西，派出一個六歲的小女童，自然比較不會啟人疑竇。

在那段期間裡，我們所到之處幾乎都空無一人，當地的居民顯然走得十分匆忙，有些房裡餐桌上居然還擺著來不及吃的餐點。當時還是一個小女孩的我，雖然好奇心十足且涉世未深，不過那種深入險境的壓迫感，至今我仍記憶猶新。對於隻身前往一個陌生的地方，完全不曉得自己在下一秒鐘會看見什麼、遇到什麼、撞上什麼，我其實充滿了恐懼。然而，如果我想好好完成自己的任務，這也正是我自己想要做到的，我就不能顯露出恐懼和不安。當時我其實並沒有那麼勇敢，這毋寧說是一種加強版的勇氣測驗。這與促使兒童驅除對陌生人和人生黑暗面的恐懼那種勇敢，有著內在的關連。對此，大人們會給予嘉獎與認可，他們也是以不同的方式學會隱藏自己各式各樣的恐懼。

很久以後，我才了解大人的勇敢，其實只是壓抑那些看似無法控制的東西、壓抑那些會在人生中產生出各種好的、或特別是壞的驚喜的東西。這點同樣也適用於對死亡的恐懼，以及將臨終視為禁忌。我們大家都曾練習過面對威脅。在眾所周知的兒童遊戲中，有人會問：「誰怕黑人？」孩子們便會回答：「沒人！」「如果他來了？」接著孩子們就會在高呼「那麼我們就跑給他追」之中展開遊戲。就連在長大成人後，人們也會希望，自己不會那麼衰，厄運最好都去尋找別人，他們自己則能倖免於難。

然而，在戰爭中，情況卻完全不是那麼一回事；在疾病和死亡之前，人們再也無所遁形。我們不想去瞧個仔細，寧願將眼光移開，寧願用一些空話來自我安慰。一個勇敢的印第安人絕不流淚，一個勇敢的士兵也一樣不流淚，清理廢墟的「瓦礫堆婦女」也毫無怨言地做該做的事，其中的實情是如何，完全沒有人在乎！

後來在佛里德蘭邊境中轉營裡，有位親切的醫生讓我明白了這一點，在我因為蝨子與疥瘡的緣故，毫無異議地將頭髮給剃光後，他對我說：「你是個勇敢的小伙子！」我很驕傲地回答他：「但我是個女生！」小伙子做得到的事，我早就都能做到；我的母親就是這樣賦予我勇氣和膽量，藉以在日後可以時常躲在我的身後。

死亡潛伏在每個角落，但生命卻得繼續

在某次的村莊偵察任務中，我第一次與死亡面對面。有一個大型穀倉似乎能讓我們一行人在裡頭過夜，前提是我得先進去查探一番。我用力推開了穀倉的大門，出現在我眼前的，是三個吊死在橫梁上的人。他們的手臂有點彎曲，頭軟軟地垂在胸前。

有那麼一瞬間，我還以為梁上掛著的是布娃娃或稻草人，那是農家經常用木桿和舊衣服製成藉以嚇走小鳥的人形。當時我就像隻受驚的小鳥，在害怕、無知，卻又好奇的情況下，躡手躡腳地走向了那些吊死的人。正當我要去觸碰其中一個死者的腳，想看看他是否真的死了，我的母親突然走進了那座穀倉。她先是給了驚魂未定的我一巴掌，隨即便將我拉出穀倉。她簡單明瞭地對我

說，如果見到死掉的人，不僅不能去碰他們，還要立刻拔腿就跑。

那三個人為什麼吊死在橫梁上？他們是自己吊上去的，換言之，是自殺的嗎？或者，那三個人是因為某些緣由，被其他的人吊死在那裡作為懲罰嗎？那些死者是否有自己的家庭和子女，是否有其他的親屬？為何他們沒有被埋葬？沒有人對我或其他的小朋友，談起並非只會出現在戰爭裡的種種死亡。我們不應該被「傷害」！這種心態至今依然困擾著我。

如果死亡正好在臨終的過程中遭到壓抑、被列為禁忌，藉以讓那些走上道別之路的人，以及特別是那些一方面必須陪伴他們、另一方面卻又必須向他們的道別的人，免於受到傷害，這將會引發問題。關於「臨終過程中的由生過渡到死」的討論，特別是對於小孩子來說，同樣也該會有多麼地自然、多麼地重要、多麼地困難、多麼地刺激？

在這當中，並非僅僅關乎父母、家庭、朋友和鄰居該扮演什麼角色，更涉及教養、教育、教會、社會與社會上的各種組織和機構該對此採取什麼樣積極、主動的態度。研究和探索這許許多多的問題，正是我們寫作本書的動機之一。

我第二次遇見死亡，同樣也是在這場逃難中。那次的相遇，至今還深藏在我的記憶裡。當時我們走在一條鄉間的道路上，一列俄國的坦克車隊朝我們迎面而來。我們整群難民嚇得靠在一起，一動也不敢動。突然間，難民裡有位婦人像是得了失心瘋似的，一邊大吼大叫、一邊張開雙臂，滿心歡喜地跑向坦克車，不斷高聲吶喊：「希特勒萬歲！希特勒萬歲！德國的援軍來了！」想要阻止她的人，都被她憤怒地甩開。有位俄國士兵見狀，爬出坦克，對著那位婦人大吼，厲聲警告她快點滾開。可是那位婦人不僅絲毫不為所動，居然還執意要爬上坦克車；就好像溺水的人突然發現了一根浮木，想要牢牢抓住這一線獲救的生機。她似乎再也感受不到情況有多麼危險，對自己的愚行渾然不覺。那位俄國士兵當機立斷，馬上一槍打死了那位婦人。那位婦人就倒臥在在我附近，我像塊石頭一動也不動地看著鮮血從她的太陽穴不斷湧出。「她死了嗎？」我不禁問我的母親，她一語不發地立刻把我拉到一旁。

四周全是驚恐萬分的臉孔，沒有人開口說些什麼。我試著去理解，在戰爭中，人們會毫無預警地突然喪生。死亡潛伏在每個角落，潛伏在穀倉的大門背後，潛伏在坦克車背後，潛伏在某位士兵背後。然而，**對於尚未死去的人，生命卻得繼續**。逃難也是一樣。在那些坦克車接著向前行後，那具屍體就繼續躺在路旁。我們的逃難隊伍也得繼續走下去。隊伍中有個人拿了一張床單蓋住了那位婦人。在接下來的很長一段路途中，我的母親一直緊緊地握住我的手。我們不能變得軟弱！這眼下的這一刻，沒有多餘的時間和空間留給眼淚、悲傷和其他的情感。

不過，所經受到的苦痛，卻不會因此就輕易地消失。就算是一輩子，它們也會等待著有朝一日能被講述、能被聽見。那些不能也不想對人說起的創傷經歷，時不時就會在生於戰亂、目前已行將就木的老一輩身上爆發開來。如今，到了他們的人生終點，在面臨死亡下，某些創傷經歷又會再度浮現，有時他們會再度充滿著驚恐。然而，如果能讓他們了解自己其實一路挺過了許多風風雨雨，如果能讓他們明白而今自己的身後其實有著充滿關懷的臨終陪伴在保護著自己，他們往往就能平靜下來。

覺察自己的人生經驗，學著將自己的舊日想法與舊日情懷視為新盟友，在臨終的過程中，連同對自己重要的其他人，一起放眼於那些體驗過的與未曾體驗過的事物，這是我們所需要的「**自我安寧緩和關懷**」，它能幫助我們有尊嚴地辭世。事實上，就連「**他人安寧緩和關懷**」與社會所不可或缺的專業照護，也都需要歷史意識與個人經歷的自覺。唯有如此，我們才能賦予老年人或臨終者所擁有的不論好壞的人生經驗相稱的意義。也唯有如此，世代之間才能形成具有建設性的連結。

人皆有一死，但各不相同

遇見威脅、臨終和死亡，是我在戰爭裡所度過的童年的一部分，也是我最重要的一些經驗。透過它們我認識了生命，在一個小女生心中，形成與逝去、快樂與恐懼、希望與痛苦，以某種神祕的方式相互結合在一起，雖然當時的我對於這一切還只是懵懵懂懂。威脅、危機、臨終和死亡，這些我早年便已獲得的經驗，並不是發生在日常生活的彼岸，並不是孤立地發生在被關起的門後面。它們就是生命的一部分，在生命裡演奏著它們的旋律，透過實際與死亡的接觸和經驗渲染一個人的生命，賦予每個人一種特殊的意義。

死亡和臨終可能發生在家庭裡、在戰爭中、在家鄉裡、在家鄉外、在暴力之下、在飢饉之下、在自我了斷之下、在重病之下、在了無遺憾的平靜安詳之下，它們有著形形色色、各不相同的面貌，在人的有限性下有著無窮的變形。正如每個人的出生，每個人的死亡同樣也是獨一無二，是一個傳記的結局，雖然高度個體化，但同時卻又與每個人和其他所有人，在他生存的時代裡所共享的生活及工作條件密不可分。

在我人生的最初十年裡，生命所展現給我的並不是安全、或有保障的那一面，在我看來，生命似乎就代表著危險、不安和傷害，彷彿一場無止盡的競賽。「生與死」和「形成與逝去」、「快樂與恐懼」、「成功與失敗」一樣，在它們的不斷交錯中，就像惱人的鄰居，老是會來提醒我們一些我們其實並不想要知道的事。有些人希望，能夠永遠待在人生中美好的那一邊，有些人則希望，有朝一日自己也能走出壞的階段。

在這個世界上，並非只有那些必須在戰爭、恐怖、逃亡或貧困中長大、但卻不願放棄對未來的希望的孩子們才會如此。自我負責、持續設法獲得生活所不可或缺的東西、依賴他人的幫助，我自小就覺得這就像是某種人生三溫暖，是如此地理所當然。自我的關懷與他人的關懷，對我來說，早已是密不可分。那些顯而易見的東西，是難以被變成禁忌。尋求庇護、依賴幫助、與他人團結一致，這對兒童同樣也是某種義務；對我來說，在戰爭中、在逃難中、在俘虜囚禁中、在作為一個請領社會救濟的婦女的非婚生子女於戰後的生存奮鬥中，這一切就像是日常生活的練習。單打獨鬥是無法通過這些難關。**生命是共存、是依賴、也是聯繫**。

為何年老或生病的人往往寧願死也不願依賴旁人，我從來就無法真正地理解這一點。他們到底是怎麼樣從一個小孩變成大人？他們難道從不曾受人點滴，他們難道從不曾想過有人會伸出援手，他們難道從不樂於接受任何的幫助？兒童的焦慮源自可能會被喜愛的人所拋棄、可能會陷入危險，可說是種生命的恐懼，它源自於對生命的熱愛，其中包含了照顧自己與他人的性命的創造力。身為成人的我們，同樣也需要這種恐懼的力量。人並非只會與他人分享無助、依賴、臨終和死亡，同樣也會與他人分享幫助、關懷和團結。這樣的經驗就如同一根枴杖，陪伴著我一路走過那些艱難困苦的時期，與那些無憂無慮的時期，至今為止，依然帶給我力量和希望。

也因此，每當我見到那些為了尋找一個安身立命之地而遠道而來的難民，在來到歐洲的岸邊之前，必須歷經多少死亡的危險，在他們終於來到了目的地之後，卻又遭到拒絕和遣返，他們會有多麼地困窘和不安，我心中那個在戰爭中逃難的小孩，就會不禁掉入絕望的邊緣。

我們從來都不是抽象地遇見生命、生命的危害、臨終和死亡，而總是在個人的具體情況裡、在社會的特定脈絡中。在人生的現場裡，我們學著去希望、去冒險、去融入、去相信、去思考、去感覺。然而，我們卻也同樣在那裡失去自己的勇氣、聽天由命、裝聾作啞，在那裡拒絕生命，或是將臨終和死亡列為禁忌。直到我們死去的那一刻之前，我們都必須要問：**為何我們會變成現在這樣、為何我們會像現在這樣思索和感覺**？我們顯然也必須要問：我們自己何時才會願意，把自己的死看成某種自然的極限？臨終的過程是在為「身後」做準備，無論這個階段何時開始，無論它能被如何想像，也無論它能如何挑起一個人去檢驗自己對於自己的「身後」所做的猜想。死亡讓每個人變得一樣；**死亡之前，人人平等，死亡的經歷卻是獨一無二，它同時也是一條特殊的人生道路，這條路始於最初的一口氣，終於最後的一口氣**。

在一場談論死亡的對話中，有鑑於這個出生與死亡之間不容改變的時間軸，《憤怒吧！》（*Emport Euch!*）一書的作者，高齡九十五歲的〈世界人權宣言〉起草人黑塞爾（Stéphane Hessel）問道：我們到底想要活到多老？我們何時才會有老到足以欣慰的感覺？我們何時與如何才會願意停止？

這位老先生發人深省地表示：我們不應該等太久，這樣才能在保持一定程度的清醒下去體驗死亡。並不是每個人都像黑塞爾這樣，樂於有個與死亡共舞的目標。然而，慢慢地去道別人生，可以讓我們好好地去感受過去和現在我們的一生過得如何，痛苦和愛又是如何相互交織。不要成為不幸福的人瑞，而是在帶點對人生的滿足、但並非活得不耐煩的情況下，**把死亡視為自己最後的任務，這有助於我們對臨終的自主，有助於我們在最終走出自己的路。**一個人如果不想就此死去，還想在那之前關注一下自己的人生，如果不想讓自己的痕跡與傷口就此消失，而想將它們示予子孫、朋友或他人，如果想要自己決定，在人生的最後一段時間裡，自己要在哪裡度過、什麼該重視、什麼該拋棄，他也必須敢於回首，藉以迎向路途的終點。

有限的生命——一個不斷學習的過程

回顧我自己的成長過程，反思我在步入老年和成為老人這方面的經驗所具有的意義，帶給了我許多的啟發和激勵。例如，曾經身為一個活在戰亂裡的小孩，從那種種的經驗中，我都學到了些什麼？哪些印象轉變成為價值觀、哪些印象早已抹滅、哪些印象我一點也不想再回憶起？如今的我，正緩慢卻篤定地在為自己的辭世做準備，而且我也不想成為不幸福的人瑞。我長成的這個女人對於臨終和死亡所抱持的態度，是否與我在童年時所遇見的那些死亡有所關連？

相較於早年，現已步入晚年的我，更常會去思索前述我在戰亂中所遇見的死亡。有時這些或其他的經歷都會令我輾轉難眠，對於獨居的恐懼，對於與日俱增的無助及照護需求的擔憂，在步入老年之後可說是越來越強烈。這些記憶並不是某種憤怒中的回首，我寧願可將它們理解成某種溫馨的提醒，提醒我以尊重、願意改變、謙遜，以及特別是感恩的態度，去面對我自己與我的人生經驗。這種不同的觀點促使我去觀察得更加仔細，藉以誘使我的人生經歷透露出更多的祕密。

什麼樣的想法幫助了我，在所有人生的起起伏伏中，以我自己的方式克服了人生，以我自己的方式克服了與陌生人、與重病、與臨終和死亡的相遇，而且同時總還能應付失敗？有限性促進了過去、現在與未來的融合，它加重了分量、更新了評價、顛覆了某些東西，代表了另一種以頭走路或以腳思考、提供了修正、確定與驕傲的機會。

有限的生命是個永恆的學習過程，以一再將人生階段與事件重新交織的記憶為養分，在這當中，「終須一死」這項事實從未離開它的視線，因為這項事實強烈地刺激了生命。沒有什麼是會維持現狀，就連隱藏在我們背後的經驗和回憶也不例外。如果臨終、死亡和生命終結的種種挑戰變成了最後的禁忌，那麼我們也就否定了最後的機會，無法去接受自己的人生，無法和它一起去規劃旅程的最後一個部分，無法去收拾最後的行囊。

為最後的旅程收拾行囊

這令我想起了一只小皮箱，那是我在波蘭的納粹育幼院裡最重要的東西，可以說是我的逃命裝備。每當「天上」有什麼通知，這是育幼院裡的阿姨對空襲警報的表達方式，這只小皮箱就會跟著我躲進防空洞。當時我的母親曾在切霍齊內克育幼院附近經營一家旅館，曾經有幾個週末，我被允許外出探視我的母親，這只小皮箱也跟著我去過那家旅館。遺憾的是，早在我和母親開始逃難時，那只小皮箱就已經遺失。儘管如此，我對那只心愛皮箱的回憶卻依然鮮明；那些記憶在日後甚至給了我一些靈感，促成了「鬼門關前走一遭——最後旅程的行囊」這項藝術展覽。知名的殯葬業者兼禮儀師羅特（Fritz Roth）分別寄給一百個人一只皮箱，請這些人為自己最後的旅程打包一個行囊。收件者有男性和女性、老年人和年輕人、藝術家和工匠、名人和沒沒無聞的人。這個計畫的主旨在於邀請大家，允許自己暫時沉浸在生命的有限性裡，與自己的臨終和死亡進行一場對話，藉此去找出如果要為最後的旅程做準備，對我們每個人來說，什麼會是重要的。

正如芸芸眾生及他們各自的經歷是如此地五花八門、形形色色，那些打包出的行囊也是一樣。這項計畫以特別感性的方式凸顯出不同的人是如何去思考及感受死亡這件事、他們認為什麼是重要且不可放棄的、他們有何夢想、他們對於人生、出世、死亡和死後的生命又都抱持了何種見解。在陪伴臨終者的過程中，我經常會對他們提出打包行囊這個構想，從中我也見識到了，這些人有多麼嚴肅、輕鬆、往往甚至還興高采烈地在思想中打包出一個行囊。這種幻想之旅，特別能讓陌生的臨終陪伴者開創出一個通往臨終者的特殊管道。

我認為整個人生之旅，就彷彿被一個大行囊所伴隨著，在出生和死亡之間，我們一再打開、關上和重新打包這個行囊，我們帶著它上路，為它擔憂，把它從一個地方帶到另一個地方，有時我們會將它遺忘，但其實我們根本無法甩開這個行囊。到了生命的盡頭，我們會更加明白，當你死了，你其實什麼也帶不走；不過，我們卻也知道，存在著某些像是所有權或心靈痕跡的東西，這使得我們所獲取的物質含有了某些意義，使得我們可以遺留下某些不可見的東西。

在訃聞中、在祭文中、在葬禮中，有時我們可以得知，某個人的一生到底是如何度過。我們並不是在埋葬屍體或骨灰，而是在假想的行囊環繞下，向一個獨一無二的複雜生命道別，這個生命述說了成功與失敗的人際關係、述說了活過與未曾活過的人生、述說了戰爭與和平的時期、述說了愛與恨、述說了信任與背叛，如是等等。在我們的人生歷程中，解答與救贖息息相關。一個人會帶走些什麼，或是會在生者的記憶中留下些什麼，這始終是個未解之謎。

在我的童年裡變成了難以抹滅的人生經驗的那些與死亡的相遇，並非都是像逃難之初所經歷到的那麼讓人受傷。在戰爭結束後，有很長一段時間，我依然揮之不去那些低空飛行的攻擊聲，後來我經常會訝異母親和我居然能在逃難的隊伍中活了下來，隊伍中其實有不少人或死、或傷地倒在路旁的水溝裡。在精神崩潰、昏厥、生病或飢饉中，經常會出現死亡的身影，有時那只是對於下一瞬間的恐懼，有時則只是在試圖逃脫下持續感受到的壓迫感。

在我們於一九四五年一月開始逃難之前，在去探訪我的母親時，我最愛去的一個地方是豬圈。那個豬圈是由一個名叫史蒂芬的波蘭外籍工人在業主默許下偷偷經營的。我對他很有好感，因為雖然有著語言隔閡，他還是能理解我這個陌生的德國小朋友，還是能和我一起玩。我們在暗地裡成了好朋友。

我在育幼院裡學會了走向他人、與陌生人建立友誼、給予陌生人某種程度的信任。在後來的逃難途中，這一切給了我莫大的幫助，日後更成為我一生所珍藏的人生知識。我顯然很早就體悟到，人生不是公平的，並非人人都能獲得自己所需要的東西；這樣的領悟較少是基於教育，較多是基於經驗。不過，我也學到了，人們雖然必須為某些東西奮鬥，但同時卻也能夠去分享那些東西，諸如食物、飲水、知識，甚至還有人際關係！

在我的幫助行為中，我感受了到自己的堅強，察覺到了雖然身為一個小女孩，我還是可以有所作為。從逃難起，接著身為一個女學生，歷經了在一九六〇年代時我們那個世代的覺醒，乃至於後來成為一個積極參與社會的女性公民，雖然對於整個政壇充滿了懷疑和無力感，不過，直到今日，那些經驗卻從來未曾缺席。具有威脅性的挑戰並非只會造成恐懼和退縮，它們同時也會激發警覺心、觀察力、執行力、溝通技巧和組織才能。對我個人而言，這在戰時與戰後都給了我極大的幫助，尤其是在政治和社會參與方面，更給了我極大的助益，讓我得以在退休之後，在和平、健康與臨終關懷等運動上，將我的所學以及我的專業，回饋一點給這個社會。

我們不是獨行俠——在對話中學習臨終

將臨終和死亡嵌入生命中，這點具有當代史的面向，它需要個人的與社會的回顧作為告別生命的準備。在我們出生的那一刻，我們就成了當代的見證。在戰爭與和平之間、在富饒與貧困之間、在健全與破碎的家庭之間，我們別無選擇。我們被生在社會環境裡、社會族群裡、世代特質裡，我們一起長大，在人口的變化中，帶著個人的壽命，朝向臨終和死亡移動，我們並非只是獨行俠，我們其實還相互聯手。

如果我們戴上當代史的眼鏡，我們就會看到一個特別的世代正往終點邁進。他們身負一些特殊的挑戰，這些挑戰不僅是對於他們自己，同時也是對於專業的輔助系統。目前許多年屆七旬的人，正如身為本書兩位作者的我們，都曾是戰亂中的小孩、「瓦礫堆婦女」、戰士遺孀、難民、勞改營的返鄉者等等，他們平步青雲地爬上了高位，憑藉自己的經驗與人生原則形塑了戰後與重建的世代。如今他們已然上了年紀，在人口的變化中，有一部分人活得比他們鑑於自己受到的戰爭創傷所預期的更老。他們所感受、領悟、壓抑、成就、建構和經驗到的東西天差地遠，這一切不僅為他們個人的經歷、更為整個社會的經歷，添上了美妙的色彩。

如今，這一切決定了他們對於道別、對於自主與自決、對於家庭、關懷、照護、臨終和死亡等所採取的想法和態度。在自己家裡，在租賃房屋或社會住宅裡，以夫妻關係或獨居的形式，在多代同堂的家庭裡被親屬們所圍繞，在老人院或療養院裡，在阿茲海默症患者的集居公寓裡，有的人退休金多，有的人退休金少，不少人身體還很硬朗，但也有不少人罹患慢性或急性的疾病。他們或是堅強、或是軟弱、或是充滿希望、或是聽天由命。

無論如何，他們抱持著某些想法，邁入人生的最後階段。這條路上佈滿了各種消息，像是照護人力拉警報、年金破產、世代對立、醫療服務定額配給、具有威脅性的多重發病、失智症、關於主動安樂死的爭議等等。這是一條在思想與實際上充滿了障礙的路，必須如履薄冰地一步一步慢慢走。

在皮囊之下變老

變老總是真真實實地在皮囊之下進行著。身、心、靈組成了一個團隊，這個團隊伴隨著我們度過人生的過程，它們不僅會為我們尋找各種解答，還會給我們帶來各種困惑和焦慮。個人與社會的侷限、能力的減退、用處的喪失、與日俱增的孤獨，凡此種種，無不迷惑、挑戰且危害了我們至今為止的自我形象。每個步入老年的人，都會在自己的生活環境與人生經驗的脈絡下，以特殊的方式，捆紮出自己的身、心、靈包裹。然而，許多人在事後回想起來，卻不知道自己在這個包裹裡包進了什麼行為方式、想法、特殊觀點及生活模式，也不曉得那些內容對於人生的最後一局究竟是有益、還是有害。

步入晚年、走向人生終點，既不等於入住療養院，也不代表一定就能夠洞悉人生、擁有人生智慧。無論如何，走到這裡，每個人其實都是踏上一個陌生的地方。沒有人會事先活在自己今天這麼老的年紀，也沒有人能嘗試性地先死一下，藉此去了解死亡到底是怎麼一回事。生物性的衰老無法防止新的經驗，更無法防止改變思想的負擔。「變老」總也同時代表著「變新」！如同其他的人生階段，人生的終點和終須一別的階段，也含有各種特別的苛求、傷害、失望、令人困惑的事件，還可能含有嚴重的情緒失調、迷惘和失智。不過，它們卻也同時包含了幸福的時刻、令人振奮的驚喜、意想不到的遭遇、對於離別的新感受、感恩，還有至今一直隱藏在習慣與調適壓力背後的寬恕和反抗的意願。

出生、成為青少年、成為大人、成為老人、臨終、死亡，這些全都不一樣，它們並非全都總是受歡迎的人生禮物，它們各會以自己的方式提出種種挑戰。人生會在這當中一再地發聲，期待我們能賦予它們相應的意義。瑞士社會學家格羅斯（Peter Gross）曾經寫道：「所關乎的是，某個在某種特殊情況下不能再往寬、而只能往高發展的生命所具有的意義。」因為，只有在變老中，生命才獲得了它的完成和完整。「**能夠變老，在我看來，並非沒有意義和浪費時間，反倒是一項美妙的、幸福的禮物，它能讓我們對活過的人生感到滿意，**

能讓我們理解適度和知足。」

將年老體衰理解成是無可避免的，藉以從「人生之舞」過渡到「與死亡共舞」，對於戰爭與戰後世代的女性和男性來說，這是項極大的挑戰。他們心心念念的總是堅強、成功、履行義務，以及有保障的年金。「效率」曾經是他們的義務。然而，在人生的終點他們必須學會些什麼、誰又會在這個過程中幫助他們？戰爭與逃難，戰後的「績效至上」與「有志者事竟成」等信念，總是在要求他們得達成什麼目標。我自己就是個很好的例子，這一切都是我從戰爭兒童、再到六八世代的女學生、最後成為「女強人」這一路走來的座右銘。

身為一個六歲的小女童，我就得驅除我母親所感受到的生存恐懼和憂鬱，我得要獨立、照顧自己，還得扛起照顧別人的責任。當一切都變成殘堆瓦礫，就連小女孩也有機會展現出自己身上的潛能，實現完全屬於個人的解放。裝備是附帶提供的，所以並不是那麼合身，因為它們必須符合「逃離與堅守」這種自相矛盾的要求。在一九四五年我們開始一起生活時，我的母親就對我下了兩道命令：「妳不許哭，就算妳感到害怕！」、「如果『我們』想要活下去，『妳』就必須做些什麼！」

女性的社會化在戰爭中似乎乏人問津。對於依賴的渴望早在萌芽中便已幻滅。自力更生、自我組織、攻擊性、侵略性，這些才是人們所需要的。遊戲般的幻想和詭計，如果是有助於生存和成功，則是被允許的。我將自己的欠缺保護轉化成提供保護的能力。受呵護、受寵愛的需求，犯錯的權利，就此逃離的渴望，這些全都很難實現。哭泣是不被允許的；許多這個世代的人，日後也很難做到哭泣。

在面臨低空飛行攻擊之際，必須勇敢地跑向掩體，不准哭鬧。在接近某個村莊時，利用天真無邪的兒童擔任偵察兵，先行前往探路。在見到遭處決的人、受傷的人或被俘虜的人時，不畏縮、不逃跑，將驚駭深藏在自己心中。人們無法在戰俘營裡乞討到麵包，必須用偷的。如果有意圖不軌的人靠近時，孩子必須用喊叫來保護自己的母親。無論如何，必須要以英雄氣概來取代少女矜持。不示弱才能獲得認可，包括獲得那些會哭泣的人的認可。在所有迫使人軟化之處仍然保持強硬，能讓毅力油然而生，那是在戰爭與戰後時期攸關生存的重要美德。

我花了很長的時間，才在這類英雄式的答案的背後發現到，自己身為戰爭兒童的那些經驗被嚴重低估。相較於去追蹤恐懼、屈辱、暴力經驗、絕望，或在我內心裡所留下的那些與死亡相遇的影像，能夠脫險曾比這一切來得更為重要。在獲得的自信與可見的成功的表面底下，還留有許多個人經歷的問題，這些問題並不立刻要求解答，直到最近，到了目前已七十七歲的這位女性的人生盡頭，它們才找到了通往其人生真相的入口。

受戰爭傷害的童年，可能會對使老年變得困難或簡單的行為方式和問題留下一些什麼呢？

首先，在求生的奮鬥中、在權力的角逐中，我學會了武裝自己。即使在過了很久以後，穿戴上這些源自童年時期的武裝，都會讓我感到十分自在，感到十分強而有力，甚至難以將它們卸下，因為就算沒有實際動用，它們也都很有助益。我花了很長一段時間，才能讓自己在沒有武裝的狀態下與人相處。小孩與老人得從多早開始、得花多長時間，去承受與接受我們這個社會的效率標準？直到人生的盡頭，對於這個問題的認識，讓我在放眼於未來將發生的事情中陷入沉思。

我能否在正確的時刻求援？我能否在需要護理的情況下讓自己給陌生的人照顧？我能否克服「旁人都還能做到某些事，但我卻再也不行」的羞辱感？我該如何訓練自己以信任取代控制？我該如何去檢驗，在我自己身上發生了什麼事？渴望被動、渴望能與自我和世界相互協調、沒有風險轉嫁的衝動行為、接受弱點、勇於以抱怨取代控訴、不必什麼都要會、也不必非得評斷一切，以上沒有任何一項，曾經出現在我的學習計畫裡。如今，這些事情卻成了面對臨終和學習道別無可避免的課題。讀者讀到這裡不妨問問自己，自己的情況又是如何，自己想學些什麼、不想學些什麼，自己想將什麼理解成自己的歷史、又想把什麼當成檔案束之高閣。

道別裡的相遇

我們每個人都難逃一死。如果我們能夠事先將某些沉重的包袱丟掉，我們會覺得輕鬆許多。為何我們非得等到最後一刻，才願意把桌子清乾淨，才願意把那些在事情和感情上困擾著我們的負擔拋向大海？包括義大利作家坦尚尼（Tiziano Terzani）在內的許多人，都曾提出過上述這個與其他類似的問題。來自不同文化的生死書、各種宗教經典、人生指南、藝術，都處理了從生過渡到死的問題。我們可以去閱讀這些證詞，可以試著去預見。然而，與某位臨終者的具體相遇，卻總是獨一無二，將我們置於某種我們必須聽憑的運行中，如此一來，通往另一邊的門才會開啟。

伯格曼（Wolfgang Bergmann）是位罹患癌症的德國教育學家，我第一次在臨終關懷醫院見到他時，氣氛就如同我先前與他多次見面時那樣輕鬆。我們共飲了一杯卡布奇諾，分享了一塊蘋果蛋糕，那塊蛋糕是某位他幾乎不認識的婦人送給他的，藉以對他時不時地在臨終關懷醫院幫忙表示敬意。當時伯格曼突然問我，我到底是如何去面對自己所罹患的那些具有威脅性的重病，我是否曉得這要如何套用到面對人生的終點上。我告訴他：不，我並不曉得；至於某種對此的萬用解答，肯定也不存在。

不過，在這場和日後的幾場午後拜訪裡，還有在許許多多的電話對談裡，我們都談到了一些令我感動的經驗和想法，還有我每次與死亡的相遇，無論是在戰時、在陪伴母親或一些陌生人度過臨終的過程中、或是在向某些意外早逝的摯友道別。這也關係到了孤獨的感覺，關乎友誼的重要，更涉及許許多多我們在日常忙碌中所忽略掉的、對我們來說是重要且不可或缺的東西，直到臨終之時，我們才重新發現。譬如，某些無涉於外物的存在，就只是存在在那裡；這就好比一朵燦爛開放的花征服了我們的心，接著它就靜靜地凋謝，待時候到了，它就逝去。

每個生命其實都是非常脆弱的；柔弱、易受傷、在每一瞬間都可能終結。然而，每個生命卻又都是堅韌的；願意適應、能夠抵抗、想要一路活到極限。

如果不曾呼出死亡的一口氣，就無法在下一口氣中獲得新生。賦予生命活力繼而又將活力取走的是生命的不確定性、總是必須的啟程、不可預測、融入與再度脫離。活過與「未活過」的生命，不僅會為一個人的臨終染色，還會由於逼近的死亡，而提出一些一般性的、甚至是十分個人經歷性的問題，這些問題有時會讓臨終者嚇一跳。什麼會把我們推向生命的盡頭，我們終將不會知道。是關於無痛的問題嗎？是關於給臨終、延長壽命或主動安樂死一個處所的問題嗎？是關於在臨終時保有和有生之年一樣的尊嚴的問題嗎？是關於相信並非一切都能被確定的「醫護事前指示」的問題嗎？走在穿越生命的異地與生命的各種關係的路上，該有什麼不一樣？

或許，推動我們的，會是責任的問題、會是失敗的問題、會是人們將其加諸在自己身上的仇恨與詛咒的問題？或者，推動我們的，會是對於我們所經驗到且可收藏起來的愛的感恩，對於成功的工作的感恩，或是對於那些在我們的天賦上錦上添花、讓我們得以留下成功的痕跡的幸運的感恩？

臨終者自行譜寫最終的旋律

臨終與死亡明白地教導了我們，對於人類生命中那些關於生存的、本質性的事件與經驗，我們其實無法去組織、計畫與控制，換言之，我們無從去干預。正如不存在「正確的生」，同樣也不存在「正確的死」。當我們輸掉了和生命的討價還價，必須「撒手歸去」，用言語所填充出的安慰與心靈智慧，都將沒有一席之地。到了生命的終點，有時需要的是一些美德，像是處變不驚的勇敢，或是逆來順受的謙卑，在這當中還隱藏著，舊的生命勇氣與那些柔弱的力量，我們不僅需要它們，也能展現出它們，藉以在臨終時保持堅強。

孤寂、無限的困惑、懷疑，以及德國社會學家格羅納麥爾（Reimer Gronemeyer）所說的「形上的無家可歸」（metaphysische Obdachlosigkeit），到了人生的終點，會和驕傲、滿足，以及對於我們能藉以表現出我們是誰的那份人生的愛一樣明顯。臨終者自行譜寫最終的旋律，為自己的人生畫像添上最後的色彩，對於那些不該說的事則保持沉默。沒有誰能教另一個人該如何走過臨終的路。我們或許最希望不要參與這段過程，就只是單純地死亡。

然而，**只要我們還有一口氣在，我們就要參與其中！**唯有透過實際地經歷生活與臨終，我們才能在我們獨一無二的生命上、在我們完全屬於個人的人生道別上，成為「專家」或智者。雖說，在人生當中，確實有許多課題與解答模式可供我們參考，可在下回的人生危機裡幫助我們，然而，迎向個人肉體終結的具體臨終，卻是獨一無二且空前絕後，即便我們已在重病中、在與摯愛的人道別中、在不情願的分手中、在職位的失去中或其他類似的經驗中，歷經過人生裡的「小死亡」。

在具體的臨終上所需的心態，在禪宗裡被稱為「初心」，那是一種無須專門知識與初步經驗也能採取的態度，是一種宛如天真的小孩坦然地面對當下的態度。換言之，我們必須接受事物的原貌，穿越必經的痛苦。如果我們反抗，只會引發讓一切變得更困難的強烈反彈。當我在伯格曼去世的幾小時前向他道別時，他那雙充滿了愛且依舊散發著好奇心的眼睛，說出了他再也無法用言語說出的話：「學夠了！好極了！每個人都必須學習如何去面對。千萬不要有任何虛假的安慰。再見！」

在出生和死亡之間，誕生和臨終一樣都是一段漫長的過程。我們從一次分娩中開始了自己的人生，必須放棄最初的那些連結方式，被迫離開我們在自己生命的第一個家裡所珍愛的一切。對身體具有挑戰性的誕生，將一個令人痛苦的經驗，表現成穿越不確定性的道路。它是與死亡的首次相遇，這場相遇將會變成我們最重要的人生經驗之一，會變成我們的人生。進入人生代表著奮鬥與許可；離開人生亦然。

德國人類學個人經歷醫學的奠基者馮維澤熱克（Viktor von Weizsäcker）曾表示：「死亡並非生命的反面，而是生殖與誕生的對手。」它比較不是我們所害怕的那種一次性事件，臨終和死亡其實是披著生命的外衣，帶著我們早已熟悉的痛苦色彩。這種痛苦經驗的反射是建立在每個變化、每個沒落、每個人生危機、每個道別之上。臨終和死亡具有一種深刻的確定性。沒有人能躲開它們，沒有人能逃離它們。臨終和死亡用它們不同的身的、心的、靈的、社會的方式，將健康的與生病的人連在一起，將虛弱的人與強壯的人連在一起，將年輕的人與年老的人連在一起，將貧困的人與富有的人連在一起，將幸福的人與不幸的人連在一起。

在快樂、無知、充滿期待、懷抱熱情、下定所有決心中，一個小生命千辛萬苦地來到這個世上。然而，在呱呱聲中，卻已透露出了對生命危險的恐懼，卻已隱約地意識到了快樂的誕生終將變成辛勞、艱苦的人生奮鬥，歡愉的開始早已埋藏了一個確定的結局。開始與結束總是交互更迭，總是彼此等待，總是互相爭奪著空間與時間！生命是誕生與死亡兩極間無盡的緊張關係，建立在不確定性、變化性與開放性之上，跳脫任何確定計畫或可預見性的挑戰。

無人能逃的通則

在我們學習臨終之前，我們必須先學習生活一輩子。就連最後一口氣，我們也得學習。生命還有臨終要求我們去成為我們自己。我們需要特別的、屬於個人的融入與脫離，所需擔負的責任，則會從我們在人生的具體挑戰中發現的答案獲取養分。**我們無法讓任何人代替我們生或死！**如果個人的誕生與個人的死亡是對我們的真實要求，沒有人能逃出這個通則。我們並非只會在某種疾病的確診中遇上晴天霹靂。大多數的生存危機都像死亡那樣，不會等我們準備好才來，而是會任性地想何時來就何時來、愛怎麼來就怎麼來。偶爾或許會有某些使者先行。

就連生命其實也是未曾問過我們就撞上了我們，就自顧自地展開，只是因為一個女性和一個男性、一個卵子和一個精子湊在了一起。然而，在那之後，我們參與其中，我們接受了這個赤裸且具有侷限的生命的餽贈，我們發展自我，日復一日，直到死亡的那一刻為止，在好的與壞的環境下、在輕鬆的與艱困的情況裡，嘗試去形塑出可能的我們，嘗試去為我們自己的人生賦予意義。即便毫無意義，我們也必須接受。

在等待著終將來到的盡頭中，我們的生命的存在是依靠著我們想要活下去，不能附帶任何條件，也沒有任何商量的餘地。在我們到了人生的終點或多或少可能必須突然道別之前，生存需要我們的幻想、想像力，需要我們的意志，需要我們在重重險阻下做出有益的決定，尤其還需要一點我們能夠堅持到底的決心。**死去的總是一個獨一無二的人，在他向人生道別時，他同時也向自己在人生的問題上所找到的答案道別**。此外，他也向那些懸而未決的問題、向那些病痛、向那些失望、向那些疏遠了的人、向那些或許直至最後一刻仍困擾著他、不讓他在臨終過程中擁有平靜的遺憾道別。

一個人的誕生就是種種在這個生命中的問題的甦醒，死亡則是種種在這個活過的生命中的問題的結束。愛因斯坦（Albert Einstein）的建議十分有助於我們學著去面對這個道別：借鑒昨日，期望明日，但絕不要停止發問！

第三章

被壓抑的臨終

亨尼．舍夫

最初的死亡——祖母的臨終

我自己第一次直接面對的死亡，就是我祖母的死。她曾與我們一起生活，可說是我們這個家的靈魂、核心。我們幾個小孩都受過她的照顧。當時還是在戰爭期間，由於我們的父親是認信教會的成員，所以在納粹政權下時常出入監獄。至於我們的母親，她則有一年多的時間，因為罹患斑疹傷寒被迫接受隔離。

祖母臨終之時，我們所有的小孩都在。她在臥榻上躺了幾個星期，身體越來越虛弱。我們從未放著她獨自一人，總是輪流隨侍在她的床邊，在她能開口說話時，陪她聊聊天，在她陷入神遊時，則不發一語。當時還沒有安寧緩和醫療。我很慶幸，她沒有感受到任何痛苦，雖然她由於心臟衰弱，雙腿淤積了大量的水。由於這場死亡並非發生於轉瞬之間，讓我們得以用最美好的方式向她道別。

對於我們每天都能圍繞在她身邊，她感到很幸運。她會一再用自己僅剩的一點氣力摸摸我們。摸摸我們的臉頰，摸摸我們的頭髮。她希望我們能夠依偎在她身邊。她最想做的莫過於永遠將我們擁在懷中。但這對於當時的她卻是難如登天，因為她再也起不了身。於是我們就俯臥在她的身上。我們餵她吃東西，用一個吸管杯餵她喝水。我的祖母是個很能容忍的人，她把自己的臨終看成是完全理所當然。她過世時，正好是八十歲。她從不曾抱怨、也從不曾質疑：為什麼？

她走完了自己的人生。她自小父母雙亡，曾經有過一段艱苦的歲月，不過晚年有我們這些孫子、孫女陪伴，倒也還算有個幸福的結局。她應該會為帶著六個孫子挺過戰爭、讓他們步上正途感到欣慰。我在求學過程中遇過不少困難，留級、轉學、說話結巴等等，這些都曾讓我的祖母傷透腦筋，幸好，我後來都一一克服了。她曾在臨終的臥榻上誇獎我：「亨尼總算有了好成績！」換言之，她告訴了我，她放下了自己心中的那塊石頭。

她並不需要任何的美化，她並不想聽別人告訴她：「妳現在有著大好良機，妳就要上天堂去了！」人們不能這樣對待她。不，她總在自己清醒的時刻拾起自己的人生，在臨終的臥榻上透露給我們更多關於她自己的事。她過去總是極為謙遜，總是把心力放在別的事情上，而不放在自己的身上。在臨終的臥榻上，她突然能夠訴說起自己的人生，就彷彿對自己的人生表示贊同，就彷彿與自己的人生達成協議。

許多人，包括我自己在內，都會為自己的人生設定目標。我喜歡談論成功的人生，但她卻從不會這麼做。她極其謙卑，她對自己所能體驗到的一切全都心懷感謝。同樣讓她感謝的還有在她臨終之時，她不是孤身一人，而是有我們陪在她的身邊。

祖母的死，深深地刺痛了我的內心。當時才十六歲的我，便已明白了死亡的蠻橫。不過，祖母的死，卻也令我感到寬慰，因為死亡的手下留情，讓我們至少有時間和祖母好好地道別。對人生感到滿意，未曾經受任何的痛苦或恐懼，我希望我自己的死亡也能夠如此。

對於我和我的兄弟姊妹來說，祖母至今依然未曾逝去、不曾離開。她至今依然還活著。我的幾位姊妹，時不時就會講起祖母的一些美好故事。我大姊的兒子將自己的女兒取名為法蘭西絲卡，那正是我祖母的名字。我兒子則保存著我祖母的一個矮櫃作為紀念。她的一生並沒有就此被遺忘，屬於她的篇章顯然還未完待續。時至今日，祖母還伴著我們，她對我們的愛，早已超越了生死。

在我心裡，對祖母的回憶至今依然鮮明，至今我們之間的連結依然千絲萬縷，她也依然在支持著我。如果我沒有這些回憶，我的人生恐怕會少掉很大一塊。如今我自己也成了祖父，埋首於那些人生中重要的事，我希望能夠給予像她所給予的親密，我也希望能夠活出她所遺留下的那些價值。

臨終文化在工業化時代裡的崩壞

那麼，今日的臨終又是如何呢？我們生活在一個效率至上的社會裡，在這個全然工業化的社會裡，每個人都得扮演一個角色，如果他不能扮演好自己的角色，他就會掉出社會的網絡。這樣的情況同樣也影響到了，我們如何去面對臨終和死亡。直到十九世紀，有人還認為就算到了二十世紀，仍然會存在一種慎重的、融入家庭和鄰里的臨終文化。

從前的人普遍認為，不應讓一個臨終者孤獨地死去。不僅如此，他們會讓臨終者待在家裡或農場的中央。小孩同樣也會在場，一起參與臨終的過程，就連幼兒也不例外。臨終並未被列為禁忌，臨終並不代表：「住口，奶奶就要死了！」不，所有的人都在，不僅會握著臨終者的手，甚至還會去擁抱他。在臨終者過世後，人們會私下將他入殮，讓棺材保持敞開，停放在前廳裡、停放在農場上。人們會舉行守靈的儀式，亡者在夜裡也不孤單，總是會有人守在他的身旁。鄰居們會上門來向亡者道別。一、兩天之後才會有殯葬業者前來，接著人們會將棺材抬出，先是前往教堂，接著再去墓園。

這種對待一個人的臨終和死亡的方式，一直到工業化之後才遭到破壞。在所有發生這種社會轉變過程的地方，人們都被徹徹底底地從他們傳統的生活方式趕了出來。與父母同住的情況不再常見。職位才是重要的。一個人如果在鄉村裡找不到工作，就得上城市裡，搬入層層疊疊、擁擠狹小的公寓，住進某個租賃的房間。那裡沒有多代同堂家庭的容身之地。不僅如此，輪班工作也將家人的日常生活完全割裂。大家不再一起用餐，父親和母親出門上工，祖父母遠在天邊，小孩往往就讓他們自生自滅。這種新的生活形態，造就了深層的文化斷裂，過往在家裡照顧病患、老人與臨終者的習慣，逐漸變得不再那麼理所當然。

大戰結束之後，大多數的人再度有了自己的住處，難民問題也慢慢結束，經濟奇蹟促成了充分就業與豐厚收入，現代的醫院與老人院體系，就在這樣的背景下逐漸發展起來。照護與保健成了種種服務。我的祖母從未住過任何一家醫院，在她的生命即將終結時，有位醫生來我們家裡為她做檢查。

而在過去的五十年裡，人們越來越習慣去找個地方，把變得老邁的父母或祖父母帶到那裡，藉以解決自己實際或假想無法陪伴他們走到人生終點的問題。為順應這樣的趨勢，各大醫院逐漸開設許許多多專門服務老人的大型部門。如果我們仔細觀察一下，內科其實有很大一部分，是照顧年老體衰者的一個平台；某些照護中心其實就設在臨床部門的隔壁。照護保險火上加油地確立了這樣的趨勢。時至今日，照顧老、弱與臨終者，代表著一個數十億歐元的市場。在這個市場上，除了私人的照護機構和醫療院所，公立的、社福單位的與教會的照護機構和醫療院所，也在搶食這塊大餅。這個市場可說是隻會下金蛋的金雞母，許多人都在發臨終者的苦難財。這種照護基礎建設也無時無刻不在設法證明自身的合理性。萬一到了需要人照顧的時候，許多人都會跟家人說：「別擔心，還有這方面的機構可以頂著。醫院、復建中心、療養院、臨終關懷醫院，都可以幫忙照護。」

我曾經前往德國北方的德特摩德城參與一場會議，針對老年問題發表演說。會中我遇到了一位前主治醫師，他告訴我，那些臨終者的家屬是如何把臨終者帶到內科來給他。當他對他們表示，醫院又不負責照顧臨終者，家屬就會辯駁說：「我們無法在家裡做這件事，我們無法眼睜睜地看著人死去，請行行好！」

民意調查顯示，絕大多數的德國人都想在自己家裡過世，死在自己所愛的人、事、物圍繞之下。然而，事實上，如今卻有超過百分之五十的人是死在醫院裡。我們的醫院已成了臨終者之家，每年至少有五十萬人死在醫院裡。這可說是某種帶有加護病房、先進醫療器材與急診醫師的巨型企業。如今的醫術往往可以將臨終者的人生終點稍微延後一點。這是某個人生階段的市場化。**過去數千年來，我們一直是親自陪伴自己的親人走向人生終點。可是現代的工業社會不僅改變了我們的生活方式，也改變了我們的死亡方式。**就這樣，一個人的人生最後一段，變成了一個服務的項目。如今臨終和死亡改成是在禁區裡進行。這多麼令人辛酸！

母親之死

這種現代的臨終方式，我在親身經歷過之後才知道有多糟。至今為止，對於讓母親獨自在加護病房裡過世一事，我仍深感自責。當時她的身上連接了用來監視其生理機能的警報裝置，我們幾名子女都沒有在她身邊握著她的手，更遑論在院方認為再也無法救治時及時帶她回家。最後一回到醫院探望她的景象，至今我依然記憶猶新，我總是注視著她的那些儀器，每當她的心跳停止，監視儀器大聲作響，我都會萬分驚駭。所有儀器都設置在她的床頭，她自己當然也能聽到那些聲響。眼見自己親愛的母親身上連接著那些儀器，我的內心煎熬不已。不過當時我並沒有對此下什麼結論。

她過世那時，我正在參加一場社會民主黨的青年黨員全國大會。她當時住在醫院裡，受到了妥善的照顧，醫師們盡了一切可能，讓她在沒有痛苦的情況下安然離開人世；我曾這麼勸慰過自己。

然而，我們始終沒有讓問題浮上枱面。我深愛自己的母親，我其實可以和她談論一切。可是「妳想怎麼死？」這個問題，我卻從未對她提起。我其實可以好好地和她談談這個問題，畢竟我經常陪在她身邊。在她還有辦法下廚的時候，只有為我煮點東西吃，她才願意下廚。所以我常會跟她說：「媽媽，我要去妳那裡吃飯！」因為我知道，藉此她就能期待什麼令人愉快的事情到來。每回去她那裡，我總會帶上一大束鮮花。我會告訴她，與其等到將來才把這些花放到她的墳墓上，還不如現在就送她花。這點我做到了。但我卻未曾做到，好好地和她談一談，她希望自己的臨終過程要怎麼樣。

也許令我感到難過的還有我們未能讓她與我們同住；如今我相信，這應該會是她的心願。當時我的太太和我都在工作，小孩也都得上學，而且，我們狹小的住處，實在也沒有多餘的空間。我們沒有房間，可以讓她安安穩穩地在我們那裡生活。我曾經感覺到，她或許想要和我們一起住，也許正因如此，我們才未能真的去談談這個題目。讓母親在那樣一個陌生的環境裡孤單地辭世，直到今日我依然十分自責。我的母親曾經陪我通過許多艱難險阻，我們曾經非常親密，可是，在她的情況惡化開始步上臨終的道路時，我卻無法以我希望的方式出現在她身邊。

是的，這樣的遺憾始終困擾著我。這也就是為何，如今我會不斷地談論老年與臨終這些主題。**我不僅希望能以更好的方式去對待自己周遭的臨終者，我也希望能帶給其他人勇氣**，不要只想逃開，而要待在那裡，在家庭裡、在朋友圈中。

被壓抑的死亡

為了理解為何我們會一再嘗試，藉由合理化的改革將死亡收拾到一邊，借助醫院與療養院的臨終中心，讓死亡消失在我們眼前，我們必須先研究一下我們自己，我們必須先研究一下我們自己的恐懼，先研究一下我們面對這些恐懼所採取的心理及文化的機制。我們大家都害怕臨終和死亡。有些人多一點，有些人少一些。有些人會去壓抑，有些人則會寄望救贖。

死亡是一個關乎人性的主題。自古以來，人們就一直在嘗試利用這種生命的有限性。古埃及的法老將自己的統治策略建立在對死亡的恐懼上。因為死亡的威力驚人，它會侵襲每一個人。因此，誰能掌握對於死亡的權力，就算只是假想的，誰就能掌握對於生存的權力。各種宗教也都針對死亡及死後的世界發展出自己的一套論據、說法與應對方法。

然而，從啟蒙時代起，至少在西歐，在看待死亡的這件事情上，卻歷經了一場重大的文化變革，這場變革至今依然在進行著。科學家和醫學家是這當中十分重要的推手，他們越來越有能力去詳細說明生命的各種條件。人類如何出生、如何死亡，如今已不再是什麼奇蹟或神話。那些相信死而復生的人，如今必須在知識上做出劈腿。因為他們同樣也在學校裡學到，就純自然科學的角度看來，在人死之後，什麼也不會出現。軀體會變成物質，重回大自然的循環中。

我認識許多人，在臨終之際，他們又重拾了信仰。就連一些馬克思主義者，像是德國哲學家布洛赫或霍克海默（Max Horkheimer），他們批評了一輩子宗教，到了生命的最後階段，卻突然開始大談上帝。對我來說，這仍是件懸而未決的事。如今全世界有越來越多的人，在信仰裡找到自己的庇護所，我把這樣的情況視為某種奇蹟。

調查結果顯示，除了西歐以外，全球人口的宗教化趨勢正在上升中。我個人是比較關注人世間的事情，相形之下，信徒則往往比較重視所謂的「福報」。有些人可以因為堅信日後將會變得更好，從而展現出驚人的承受力。如果他們真的這麼認為，那確實是美事一樁。我由衷地為他們的堅信感到高興。

在這方面我還要多加把勁。我個人的經驗是，質疑是最有人情味的。是質疑推進了科學，從而也推進了關於死亡的知識。我們大多數的人，尤其是在西歐，憑藉這些知識從宗教裡解放出來。再也沒有人能夠，就這麼走來，然後告訴我們：「期待死亡吧，在那之後，將會有美好的天堂！」

絕望的後果——從壓抑到安樂死

然而，憑藉理性的知識去看待死亡，卻也同時是啟蒙的現代人勢所必然的「負擔」。世俗化雖然帶給我們大量的知識，卻也沒收了我們的慰藉。正所謂禍不單行，如今我們還發現，周遭的人都逐漸發展出一些奇怪的策略來面對死亡的必然。

有些神祕主義者，會從各種宗教裡擷取一點信仰成分，然後混合成自己的新宗教雞尾酒。在我看來，他們就是新的天堂描繪者，試圖以巧計擺脫死亡的蠻橫。

有些人則是「永遠年輕」的信奉者，即使病容憔悴，也要掩飾自己的蒼白，把自己打扮得漂漂亮亮。重要的是，外觀要好看。重要的是，不要被問起，自己快要怎麼了。重要的是，不要面對死亡。歸根究柢，這些人從來不敢離開生命的表面。我的感覺是：他們執著於存在的外殼，藉此避免去想起，那個外殼終究會破滅。其後果就是，恐慌地壓抑臨終這件事。

還有一些人，特別是在美國，那個「無限可能的國度」，甚至讓自己被冰凍起來，期望有朝一日科技更加進步，能在甦醒後重獲新生。他們想要與有限性對抗；他們覺得這麼做就彷彿能將生命無限延長。我的一位親戚曾經寫了一本關於這方面的書，描述我們如何達到永生。她希望借助醫學克服死亡；是個完全不加批判、全然的科學信徒。我認為這本書無疑是種絕望之舉，是徹底拒絕接受生命有限性的表現。

另有一些人，則是過著一種「今朝有酒今朝醉」的生活，一旦生命對他們不再有足夠的吸引力，他們就為它劃下句點。他們對於生命的有限性心知肚明，從中得出各種純粹俗世的結論。美國一代文豪海明威（Ernest Hemingway）便是屬於這一類的人，他把自己的存在簡化成名作家、猛獸狩獵冒險家兼情聖，在一九六一年他六十一歲時舉槍自盡。他人生中的最後一段歲月，是在憂鬱和酗酒中度過。

德國攝影家薩克斯（Gunter Sachs）也是屬於這一類的人。他曾是個有名的花花公子，在二〇一一年五月、他七十八歲時自殺，因為他罹患了「沒有出路的阿茲海默症」。薩克斯生前曾與法國性感女星碧姬芭杜（Brigitte Bardot）結婚，還曾將南法小漁村聖特羅佩打造成度假勝地。但他無法承受自己到了老年將成為別人的負擔，更無法接受自己將對自己的所作所為再也一無所知。著名的德國出版商暨文學評論家拉達茲（Fritz Raddatz），同樣也是屬於這個族群。二〇一五年二月，當時八十三歲的他，在瑞士結束了自己的生命，因為他無法接受自己不再像從前那樣受人歡迎，無法接受自己已然江郎才盡。他在死前曾向好友劇作家霍胡特（Rolf Hochhuth）表示，自己的人生已經「亂了腳步」。

然而，這些高齡自殺的癥結何在？真要說的話，或許就是這些人做了我們這個時代的精神長期對他們的人生造成影響的那些事，也就是做你的事，從中做到最好，即使世界要毀滅了，也應該要自主，而且不要伴隨著屈辱、軟弱或痛苦。從搖籃到墳墓，一路自我最佳化。就算到了臨終的階段，這些人也希望能夠證明自己擁有掌控權。他們想要掌控一切，就連自己的死亡也不例外。這意味他們會提前終結自己的壽命，不會活好活滿。在我看來，這真是令人驚愕的悲涼。

我不認為自己比這些人高明，我能理解，當事關死亡，人們會樂於遁入某些幻象。因為，終須一死，這確實是難以承受之重。然而，這卻也是我們所無法避免的事。這項認知就是這麼地直截了當、就是這麼地令人痛苦。

如今，我們與例如前漢堡市市議員庫許（Roger Kusch）這類「安樂死協助者」所爭論的是，這種壓抑所帶來的後果。將臨終從公共空間甚至從私人空間趕走，促成了商業化的安樂死。繳交七千歐元給他們的「協會」，我的死亡時間和方式，就能由我自己作主。我不必因身體衰弱而成為他人的負擔，我也不必仰賴親人、朋友、醫生、護士的憐憫。但這難道不會很悲哀嗎？我付錢要人殺了我！這是在工業化時代中發揮到極致的「死亡的精準」。當一個人在自己眼裡，或是在他人眼裡，再也沒有工作能力，從而也被認為再也沒有生存價值，不如就在自願與獲得控制的情況下走向死亡。

關於這類「自殺協助者」，讓我感到欣慰的是，我們的國會議員，從左派到右派，全都異口同聲地拒絕了商業化的安樂死。歸根究柢，這方面的立法禁止，其實是庫許所激起的。他們的「協會」有個不同服務項目的價目表，還有付費的鑑定報告評估，有自殺意願的人是否適合接受他們的服務。這還需要什麼旁證去證明，這當中有人在以商業模式提供量身訂作的死亡？

關鍵問題：我們想要怎樣的臨終？

這是一場十分困難的爭論；不過，令人感到有點悲哀的是，這場爭論卻也不是沒有益處，藉著這個機會，在我們這個國家，總算能夠開始公開地討論：

我們想要怎樣的臨終？無論如何，這種將臨終或死亡隱藏起來的趨勢，如今已被打破，至少在媒體或公共活動上，人們開始會去討論臨終關懷醫院和安寧緩和醫療的相關議題，開始會去談論葬禮的儀式或場域的相關議題。我們亟需這方面的辯論。過去很長一段時間以來，我們其實已經可以隱約感覺到，人們不再同意將臨終和死亡的問題完全採取冷處理。患者和他們的醫生共同寫下意向書，說明自己想在自己生命的盡頭被如何對待。當某個他們摯愛的人在一場意外中喪生，家人會在路旁立上十字架。當他們之中的某些人在一場瘋狂殺人中身亡，整個社區的人都會為他們點上蠟燭。我觀察到有些事情正在發展，有些事情正在發聲，有些事情顯然不再受到壓抑，逐漸變得可見。我們正走在這條路上。我察覺到這並不是沒有機會。

我針對老年問題發表演說至今已近十年，而且每年都會在全德舉辦一百五十到兩百場這方面的活動。有別於十年前大家所關心的主要還是步入老年後如何維持年輕、健康，主要還是圍繞在如何與子孫互動、如何運動養生、如何擔任志工，如今我的討論重點已逐漸有所改變。首先是「照護」這個主題成了主旋律，像是老人集居住宅、床邊護理、關懷住宅等等。然而，近期以來，「臨終」也慢慢變成了主軸。

在我的演說裡，「熟悉臨終」這方面的題材，重要性與日俱增。這並不只是因為隨著年齡的增長，我自己越來越關心這方面的主題，其實主要還是為了因應民眾們的要求。聽眾們並不會站起身，走出去，然後表示：「真的是夠了！我們只不過是想來聽聽演講，消遣消遣，提振一下自己的精神罷了！」不，我發覺大家對於這方面的主題都聽得聚精會神。在我平日的公開演講行程中，我經常會遇到有聽眾起身表示，自己就在某個臨終關懷協會服務，他們那裡提供了些什麼什麼。我很高興聽到這些自發性的反應。往往在活動結束後，聽眾們還會繼續交流，他們會站在一起討論，約定會面的時間。我發覺時代確實是變了，我們顯然已經可以，在沒有承諾救贖或製造恐懼下，去談論臨終和死亡。支持這一切的認知就是：**臨終是生命的一部分，我們不能去壓抑它們，我們必須去研究它們。**

不能迴避有限性

我希望自己能夠接受「我自己的生命是有限的」這件事，我不想將之美化，我不想以生死主宰的姿態去終結自己的生命。我想一路到最終全盤接受，過去、現在和未來所有發生在我身上的事情；以此作為一個還能再去接觸他人的契機。也許我還能再與他人共同去思考些什麼，或者至少還能去參與些什麼。也許我還能再次牽起從年少時就陪伴了我一生的愛妻之手。也許我還能再對自己的子女說我有多麼地愛他們，我有多麼地以他們為榮。也許我還能再對自己的孫子眨眨眼，或是摸摸他們的頭。

這一切我當然都不想錯過！我不想放棄那些作為禮物贈與我的一切。我很樂意一輩子活好活滿，百分之百完整接受自己的人生，不去抱怨那些再也行不通的事情、那些我失去的、我失敗了的，以及我做不成的事情。我希望我能心甘情願地接受，在我的人生中所發生的一切，即使所發生的事情變得更困難、更麻煩，變得充滿挫折、充滿負擔。挫折也是我們可以學著再度站起來的所在。在挫折之下，我可以告訴自己，我將會克服，我將會成功，因為我知道自己做錯了什麼。我希望到了自己的人生終點，我依然能這麼活。

談論無可避免之事

前不久，我與一對老夫妻見了面，他們夫妻倆都是我的朋友。我們一起在一場活動中共度了四天。這對夫妻將臨終這項主題完全排除在自己的夫妻關係外，儘管兩年半前太太就已經確診罹患胰腺癌，而且她顯然不久於人生。在某次的閒聊中，我問了他們兩位：「你們是否會談論這個問題？」他們的回答是：「不會！」「你們不是有已成年的子女，你們會和他們談論這個問題嗎？」答案依然還是：「不會！」於是我開始和他們談論臨終之事以及她自己的臨終，因為這讓我感到心情沉重。我們三個各以自己的方式說出自己對於大抵上已日益接近的死亡有何看法。雖然從外表看來，她仍舊活力四射，還可以四處趴趴走，但她隨時都可能走到人生的盡頭。

在這場對話中，我注意到了，**談論這種事，有時真的需要第三者**，需要有人跟當事人說：「來吧，讓我們來聊聊這件事！當時候到了，你們會做些什麼？你們會想利用自己僅剩的時間做點什麼？你們會有何期望？對於萬一自己突然需要他人照護的這件事情，你們有什麼想法或打算？你們是否事先安排了什麼援助措施，例如到時會有救護車前來幫忙之類的？你們的子女呢？留在人世間的另一半，屆時又該何去何從？」所有這些問題，過去他們全都避而不談。他們兩位都是聰明人，一生相知相守，直至今日始終不離不棄，這是多麼地美好。然而，關於臨終和死亡的事，他們卻無法提起。這個主題就宛如他們人生中的盲點。

我並沒有什麼權利去和他們談論如此困難且私密的主題；我既不是傳教士、也不是醫師。迫使他人去談論這項主題的人，其實是有點冒犯他人。這點我是明白的。不過，後來我卻發覺他們似乎很感激我與他們聊起了這件事。事實上，他們其實只是需要一點小小的刺激，讓彼此得以敞開心胸，談談他們所面臨的困境。我相信，在我陷入困境時，如果能有人和我聊一聊我所面臨的困境，讓我知道自己其實並不孤單，這絕對會令我好過一點。事實顯示，在那場對話後的日子裡，他們得以坦然面對臨終和死亡，這並不會分化我們，反倒讓我們變得更親密。

這場對話讓我了解到人們不能將臨終委託給他人。我相信，如果這樣的事情降臨到自己家裡或朋友身上，大家必然會再度有能力去談論這項主題。人生所關乎的並非只有努力經營成功人生，同樣還關乎所謂「死的藝術」。在中古世紀時，人們流行去討論基督教教義下的善終。在我們這個已啟蒙的、世俗化的時代裡，我認為**「死的藝術」代表再次有能力將臨終融入我們的人生**。這意味著兩件事：一是**談論這項主題**，二是**相互扶持**。

臨終陪伴

「臨終關懷運動」是種嘗試以不同的方式去面對臨終的社會運動，自一九八〇年代起，同樣也在德國萌芽。這項運動在很短的時間內就取得了驚人的發展。我對那些專職與志願的臨終陪伴者懷有崇高的敬意，他們有的讓家屬們得以在自己家裡與臨終者道別，有的則設立了臨終關懷機構，讓臨終者能在那裡走得有尊嚴。

一開始，我對這項運動的發展抱持著懷疑的態度。當時我還是布萊梅的社福市委，我們曾在布萊梅的海外博物館用這項主題舉辦過一場大型活動，前來參與的民眾估計有七、八百位，德國心理分析師陶希（Anne-Marie Tausch）也前來共襄盛舉；她是臨終關懷運動在德國的重要推手之一。

我還記得，當時我在演講台上使盡渾身解數為民眾們說明，除了許多綜合機構以外，現在我們還要來推動臨終之家。當時我們才正開始鼓吹別去興建孤立的照護療養院，希望發展出一種盡可能分散且就近的照護系統，藉以讓每個人都能在自己所熟悉的環境中，度過老年甚至臨終的歲月。當時我們開始將老人院與幼兒園結合在一起，如今這已成了「布萊梅療養院基金會」（Bremer Heimstiftung）所恪守的準則。當時我們還討論了諸如床頭緊急按鈕、居家照護、老人集居住宅、小型照護部隊等等主題。從當時的眼光看來，臨終關懷醫院的構想與此並不相符。我們不希望臨終是被孤立的，我們不希望臨終者由於必須為自己找個特別的死所而感到受辱。

時至今日，我的想法已完全改變。歷經這漫長的歲月，我逐漸了解到，流動式的臨終關懷工作，正可讓許多家屬陪伴臨終者一起生活。我了解到對於那些無法居家照護的臨終者，無論是因為家裡的空間不夠，還是因為親人全都遠在天邊，甚或是根本完全沒有親人，住院式的臨終關懷醫院才是一大福音。對於那些在照顧重病或臨終的親屬上需要喘息間隙的家庭來說，臨終關懷醫院給了他們支持。基本上，在一個個體化的社會裡，住院式的臨終關懷醫院可謂是為臨終者重建某種家庭庇護的一項嘗試。至於流動式的臨終關懷工作，則是在一般住家裡接手從前鄰里會完全自動自發扛起的工作，像是幫忙親屬下廚、握握臨終者的手、陪伴臨終者說說話等等。

就是在這樣的情況下，我接觸到我太太的故鄉席克城的「獅心臨終關懷醫院」（Hospiz Löwenherz）。它是德國最早的兒童臨終關懷醫院之一，我很高興自己能夠成為支持他們的一員。在我多次前去拜訪的過程中，我了解到了，對於那些家裡有位臨終病童的家庭而言，這個地方可說是一種莫大的幫助。全家人可以一起待在那裡，有專業的醫生和照護團隊隨侍在側，可以和臨終的病童共同規劃剩餘的人生。我們還能再一起去森林裡探險嗎？我們還能再一起去看看那些小動物嗎？我們還能再一起演奏音樂、畫畫或做做勞作嗎？

這聽起來有點淒涼；然而，如果我們仔細去觀察一下，這個名為「臨終者之家」的地方，其實是個「生命之家」。它是守護臨終兒童及其家人的一個家，是個能讓臨終變得令人容易承受的地方。同樣的情況我也在其他的機構中、在提供給成年人的臨終關懷醫院裡體驗到，這些地方另外還會與安寧緩和醫師攜手合作。他們會憑藉自己的能力，加上止痛藥劑及醫療服務，盡可能讓臨終者與他們的家屬得以安享僅剩的數日、數週或數月，別讓這些寶貴的時間無謂地消磨在痛苦中。

就這樣，我成了臨終關懷運動的支持者。在「德國臨終關懷暨安寧緩和協會」（Deutsche Hospiz- und PalliativVerband）的二十週年慶祝大會上，我有幸受邀致詞，向許許多多這項運動的志願參與者表達誠摯的謝意和敬意。在私底下，我其實有些羞愧，因為在這項運動之初，我並不看好它的後續發展。

在陪伴中為自己做些什麼

從臨終關懷運動中，我也為自己的人生學到了不少的東西。我們當時之所以成立自己的集居社區，無非也是因為我們這些朋友們考慮到有朝一日我們走到了年老體衰、行將就木的地步，誰能來照顧我們。至今為止，我們已經住在一起將近三十年，最早加入的成員已經有人過世。這個組織在那些困難的時期裡經受住了考驗。在我們的好友蘿斯瑪莉和她的兒子相繼過世時，我們的集居社區並未因而變得四分五裂。相反地，藉由照顧他們倆，在他們人生的最後一段路上陪伴他們，我們全都一起有了明顯的成長。

如今我們明白在緊急狀況下我們會相互扶持。我們確實做到了這一點。基於這些經驗，在我所舉辦的各種活動中，我總是一再鼓勵我的聽眾：及時營造一個能與他人一起活到老死的穩健組織；**如果不想孤獨地死去，就不能孤獨地活著**。

在我們的朋友臨終時，我們親自料理了她的照護工作。後來在她的兒子臨終時，他的一些朋友也紛紛來到我們所住的地方輪流照顧他。也因此在他們兩人的情況中，我們無需臨終關懷服務。不過這其實也是因為，我們有一些在臨終關懷方面有經驗的朋友；有些朋友曾在替代役期間做過照護服務，有些朋友則本身就是醫生，例如我的女兒卡洛林，還有其他幾位朋友的兒子。蘿斯瑪莉的兒子曾經跟著本書的另一位作者安奈莉學習過安寧療護，當安奈莉得知他的時日不多，便帶著自己一身的能力和愛心前來相助。當時我幾乎天天去他那裡探望他時都能見到她。我也在無意中得知，他可以和她敞開心胸地聊聊自己臨終的事，但和其他人卻會不好意思。

總之，對於他們母子二人還有我們來說，值得慶幸的是我們的朋友圈很廣，其中有許多人曉得，可以在臨終之時做些什麼、提供些什麼幫助。至於我們其他這些門外漢，則可以盡己所能地共同參與；例如可以幫忙拉開窗簾，讓陽光照進臨終者的房間，可以幫忙更換枕頭套，可以幫助臨終者潤潤口，可以靜靜地坐在床邊陪伴著臨終者。

這正是我所要指出的：重點其實就在「**陪伴臨終者**」。為此，我們不必非得讀過醫學院或學過傷病護理。值得慶幸的是，我們有專業人員，他們可以幫助臨終者減輕痛苦，可以在照護方面提供協助。無疑地，我們在安寧緩和醫療這個區塊必須加緊強化，尤其是在鄉村地區，此外，我們也需要更多受過安寧緩和醫療訓練的家庭醫師。儘管如此，我還是希望臨終關懷工作不再只是淪為某種專業服務。是的，我們可以合力改變這個情況。

從前的人，即使在更差的條件下，例如沒有醫師幫忙、沒有照護輔助、在又濕又冷的住宅裡，也都能做到這一點。我在此呼籲每個人都不妨試著以自己的方式做出一點貢獻。不要總是反射性地認為必須找醫師來、必須找護理服務人員來。不要總是馬上就呼叫「綠衣女士」（譯按：Grüne Dame 是德國的一種醫護志工）前來探視。

為了避免誤會，且容我解釋一下：綠衣女士對於醫院中孤單的病患，臨終關懷志工對於臨終者，這些其實都是很美好的；然而，除了他們以外，還有我們。**對於臨終者來說，親屬或朋友的重要性並無法被專業工作者所取代**。我們必須重新學習這種**「我關懷你」的態度**。我們必須學習，即使在我們所愛的人陷入逆境時，我們也不會落跑，會待在他的身邊力挺。我非常希望能將這一點規定在我們的憲法裡，規定：「臨終者有不孤單的權利，每個人則都有不讓臨終者孤單的義務。」不過，人們不能針對這點起訴，人們不能將這方面的違紀者移送執法人員。生而為人就該這樣活著，我們必須這樣活著。

根據我自己的經驗，我可以說，**那些陪伴臨終者的人，也為自己和自己的人生學到了一些東西**。透過關懷某個正面臨自己人生終點的人，我在親密的互動中、在親身的經驗中、在共同的反思中、在共同的生活中，對自己有了更多的了解。我也因此提升了日常生活的價值，我的日常生活不再只是周而復始地襲來陳年的壓力和痛苦，在日常生活中，我也能逐漸看到某些珍貴的、非比尋常的東西。與我的兩位老朋友談談他們的臨終、聊聊能為他們做些什麼好讓他們寬慰些，去做這些事情，也讓我自己覺得很寬慰。了解到我們可以談些什麼，從他們身上學到臨終之際什麼是重要的，這些對我也都很有幫助。

陪伴者也能同時為自己的人生做點什麼。許多人都認為自己必須去參加什麼療程、去住住什麼療養酒店，如此才能找回自己。有些人認為自己必須喝個爛醉，才能忘記那些每天都得面對的苦難。更有些人認為自己必須去找個小鮮肉或嫩妹，才能再度有活著的感覺。然而，相較於去熟悉某位走到生命盡頭的人這樣的經驗，上述那些想法和舉動就顯得可笑至極。對方給予了我一定程度的信任，與我分享了他的想法，分享了對他來說算是重要的事，分享了他未能做成的事，分享了他曾經有過的美好時光，也許他會請我將這些重要的事轉述給他人，或是將這一切保存在自己的記憶中。這是一種很美好的生命經驗。唯有參與其中，我們才能獲得這樣的經驗。

也許某些榜樣可以在這方面發揮示範的作用，例如以預防腸癌聞名的「菲利斯．布爾達基金會」（Felix Burda Stiftung）。我也可以理解，為何有那麼多名人會出來呼籲大家陪伴臨終者。在我看來，前德國社民黨主席明特費林（Franz Müntefering）就是一個適例。當他於二〇〇七年從聯邦副總理的職位上退下時，他曾經毫不矯情地表示自己現在必須將時間留給臨終的妻子。他把這件事情看得很重。所有的人都能理解他無法拋開陪伴癌妻這件事。如今，在這一切都已成為過去後，他也能談論這件事情。他將那段日子形容成是一項偉大的生命經驗，它豐富了他的人生，讓他變得更堅強，而非更軟弱。

公益始於我們自己

德國社會學家格羅納麥爾曾經表示：一個趨於自主的社會，「會伴隨著個人在臨終時得要面臨負擔和絕望的危險。因為，到了這個時刻，我還得自己為自己的臨終負責。這種自主的人生也包含了沒人來為我們分憂的陰暗面。」如果我們去反思一下，時至今日，我們的臨終該是怎樣的面貌，我們將不難得出這樣的結論：**我們需要一種新的、更人性化的、更社會化的臨終文化！**我們當中有許多人，其實早已動身去尋找更好的途徑。他們認識到答案必須反求諸己。

我們必須在我們自己對於臨終和死亡的態度上下功夫，完全無法假手他人。這不僅在於要鞭策國會針對安樂死、安寧緩和醫療及臨終關懷安置等議題進行討論及立法。這同時也關係到我們自己對於這些主題採取什麼樣的態度、我們自己在日常生活中如何看待死亡這件事。我們究竟是會把臨終者接回自己家裡，還是就把他們留在加護病房？我們究竟是只會寄張弔唁卡片給在世的家屬，還是會親自上門慰問？此外，在一個像我們這樣多采多姿的社會裡，何處才能找到我們的慰藉？在這個問題上，公益同樣也始於我們自己。

第四章

道別生命是場人生的挑戰

安奈莉・凱爾

生命宛如一場永不停止的冒險，每個早晨都是一個新的開始，每個開始都充滿著驚喜。這是我們可以承受的！配備有手和腳、配備有愛心和理智、配備有至少五種感官的人們希望，生命也能具有意義、也能給予我們憑藉。他們必須探清，自己該如何呼吸、躺、坐、站、走、抓、握、聽、看、聞、吃、喝、想、感覺和行為。他們必須學著了解，他們的人生需要什麼、對他們又有何期待。我們必須在脆弱的大地上找到立身之地，同時我們也會體認到只要我們把握活著的可能性，去形塑自己的人生，我們的生命便會隨著時光流淌變得越來越堅實。**直到生命的終點，這都是我們必須學習的挑戰。**

學習臥床

在智利的一座小孤島上，有間殘破的小屋，裡頭住著一位高齡九十六歲的老婦人露薏莎，她已病臥在床超過一年。在她的小屋裡，除了那張床以外，可以說是家徒四壁。躺在臥榻上的她，偶爾會看看一尊耶穌受難像，偶爾會瞧瞧那幾張訴說著外面世界的明信片，偶爾會張望小窗之外的那片藍天。在她先前的生活中，她所擁有的其實也沒有比現在多到哪去，儘管如此，她仍然很知足。她的女兒和一個姪子一起照顧她，在艱難的生活條件下相依為命。

為了追蹤露薏莎的身體狀況，有位護士會每月一次從離此最近的一個城市搭船來這裡，她會量量她的血壓，問問她有沒有什麼地方感到疼痛或不舒服，接著和她噓寒問暖一番，藉此讓她知道自己並沒有被人遺忘。當這位老婦人被問到自己過得好不好，她總是會簡單說聲「滿好的」，同時在佈滿皺紋的臉上露出心滿意足的微笑，接著她又會轉過身去凝神休息。走到了這個油盡燈枯的階段，她在並不是很舒適的環境下耐心等待死亡的來臨。她的女兒沒有絲毫怨懟地表示：她或許會這樣臥床到百歲。

「學習臥床」是一篇二〇一四年的新聞標題，報導一位老婦人的故事，高齡九十三歲的她已臥床將近五年，但依然保有生命的熱情和活力，期許自己到了一百歲時，能在某家老人院裡舉辦生日派對。

海蒂躺在一張兩平方米大的護理床上。房裡的窗戶敞開，陽光穿過外面的樹叢灑落在一個深色胡桃木的畢德麥爾式矮櫃上。液晶電視的聲音大到，從老人院裡遠處的走廊上就聽得到。海蒂的聽力嚴重退化，除此之外，就高齡九十三歲的老人而言，她的腦筋實在無可挑剔。「我躺在床上，被白色麻紗包裹著，有食物送到我的床邊，每天早上還有人幫我梳洗，我宛如置身天堂！」她一邊說著，一邊用雙手比劃著如今她生活在其中的小世界。她的床邊有根舊手杖。如果她覺得冷，她就會用這根手杖將她左邊的窗戶掩上。在她面前有塊高出床沿的托盤茶几。上頭除了有只海蒂用來喝茶、咖啡或果汁的吸管杯之外，還擺放了她生活必備的一些用具，像是電視遙控器、拆信小刀、用來輔助閱讀的小型放大鏡、紙巾、保濕乳液、小瓶裝蛋酒等等。另外還有一枝筆、幾張小紙條和孫子們寄來的一些明信片。她有時會想，孫子們會在這個她早已看盡的人間有趟什麼樣的旅程。海蒂身旁的桌子上擺了一些鮮花，她的亡夫則從前方的兩張照片中凝視著她。她的上方有個伸向護理床的支架，她可以握住那個支架起身；只不過，她的雙手日漸僵硬，如今已經很難自行做出這樣的動作。所幸，利用遙控器讓電動床上、下移動，這對她來說還算是遊刃有餘……遙控器雖然只是個小小的環節，卻是個能讓她對自己目前的生活多點自主的環節。

這位商人之女出身於北德的庫克斯港，當年是個國際性的大都會，港灣裡不乏來自美國的輪船，經常可以見到充滿活力又帥氣挺拔的海軍官兵來來去去。海蒂算是個幸運兒，大戰結束後，她嫁給了一位年輕醫生。這是她三度訂婚後的第二次婚姻。在她前次離婚後，牧師不願再為她主持婚禮，她覺得這真是頑固、小心眼、不近人情，讓她對丈夫滿懷抱歉之意。

「自己好好地活，也讓別人好好地活」，這是海蒂喜歡的一句諺語，也是她所奉行的準則。「遺憾的是，有太多人都以為，世界是繞著他們轉。我們不能把自己看得太重！」年輕時，海蒂曾在漢堡的一個野戰醫院服務過。第二次世界大戰爆發之際，她剛滿十八歲。海蒂不僅會照顧身受重傷的士兵，還會以親切和幽默的態度與士兵們拉近距離，讓他們覺得自己受到了保護和扶持。「就算見到全身赤裸的男性或女性，也絲毫不會讓我覺得難堪。在所有這些赤裸的身軀前，不容我們有所遲疑。」

她現在的看護，現年大約三十五歲的拉斯，顯然從海蒂的人生態度中獲益不少。當她必須被抱起或放下時，拉斯會倒數「三、二、一，來！」，海蒂則會打趣地呼喊：「啊……我要被人拖出去宰了！」拉斯就會說：「那妳就暫時任人宰割吧！」在年老體衰逐漸需要幫助的過程中，學著能夠接受幫助，是重要的課題之一。海蒂有時會說：「拉斯，你瞧，我們是天生的一對！」他們倆都覺得，雖然當中有許多磕磕絆絆，但他們彼此的相處之道卻是恰到好處的。

海蒂先前曾在浴室裡摔了一跤，導致她如今的生活只能侷限在這張護理床上，日日夜夜都得在這張床上度過。就連門外的那點小小的社交，她也都無法參與。在外頭的走廊上，每天都有許多年邁的老太太推著助步車，或輕快或遲緩地，進行著日常的小旅行。海蒂的房間只有護理人員和家屬才會進來。她的鄰居幾乎不會過來看她，除非她們被她的電視聲音吵到受不了。海蒂不得不放棄很大一部分的自主性。她無法自己洗澡，也無法自行如廁。她的床邊暗藏了一個連接著導尿管的袋子。也因此，為了讓室內的空氣好一點，她房裡的窗戶總是敞開。由於褥瘡，她經常必須仰賴他人替她翻動。海蒂也必須習慣生活對她的予取予求，因而必須去忍受那些她其實並不想忍受的事情。

海蒂表示：「可是，硬要照著自己的意思來，那是行不通的。」與人發生爭執的人，自己也難辭其咎。「人生只有一次，所以我們就該盡可能促成更多的好事。」海蒂並非只想堅守自己的「高齡」，她還想活到更老！這點也要感謝嗎啡。「既然連痛苦都沒有了，我還有什麼奢求？」

「你是什麼就做什麼，你有什麼就給什麼。」無論是在從前的光陰裡，還是在於浴室裡跌倒後的歲月中，海蒂總是想試著去明白，自己是個什麼樣的人、自己能夠付出些什麼。只不過為了明白這一切，她必須「重新出發」、「重新學習」。在過去還是個年輕的護士、還是位妻子、還無病無痛且身強體健、還能夠四處趴趴走時，對於人生的要求的確會有別於，只能待在某個老人院的護理床上慢慢走向生命終點的這種情況。儘管如此，海蒂還是想要盡可能地做自己。她一針見血地指出：「一切無非就是心態的問題。」

當生命的盡頭變得迫在眉睫，伯格曼在安寧緩和中心裡寫下了《學習臨終》（*Sterben lernen*）這本書。在不得不臥病在床之餘，他表達了自己對於心態問題的看法：

我接受對於我自己與我的人生的可能的悲嘆……我將它們化為語言、化為某種有意識的語聲。然後我尋找能夠表達難以言喻的事物的其他方式，我回歸到語言，在它當中，閃爍的多過於陳述的，在它當中，那些更細和更高的部分，聽起來就像一場合唱。我承受著什麼？我該如何熬過這個臨死前的飢餓時刻？當我越是清醒地面對這場死亡，我就越無法接受它。對它絕對沒有絲毫妥協，只有絕望的抵抗。你，重擊般的煎熬，我不要你！接著它發出了更大聲的怒吼，也許甚至是無聲的，但我卻聽得清清楚楚。它大聲吵鬧、大聲拍打，猛力重擊我的頭部。我無路可逃。現在請絲毫安慰都不要給我！

「死的藝術」與「生的藝術」

人生需要學習！每個人都在生物與其他的條件下，開創、發展和體驗自己的生命。個人的傳記就是對於個人生命所做的反思記錄。人生的最終章同樣也需要被學習、被記錄；無論是像海蒂那樣刻意去體驗，積極地去譜寫思想和感覺的主旋律，認真地去進行回顧，或是像露薏莎那樣，或多或少有點悄然地步上臨終之途，又或是像伯格曼那樣，把自己的心情寫成一本書。他們都分別從自己的人生中學到了些什麼，不限定用何看法和態度。

臨終是種高度私密的事，是我們在接近生命的終點前，最後一次面對自己與迄今為止的人生。就死亡這件事情而言，生而為人就代表著「完全順應」。沒有什麼必須要被美化，也沒有什麼必須要被扭曲，一切正如其本身那樣。**死亡是生命的終結，而臨終卻還是生命的一部分**，因此它具有過渡的性質。對於賦予它們的功課、給予它們的難題，譬如重大傷病，身、心、靈都必須做到最後、學到最後。

在處理完所有的事情之前，人們往往很難甚或根本不願離開，他們想要與自己和這個世界取得諒解，他們有自己高度主觀的優先權清單。有位臨終的男性，現年大約六十五歲，他經常會從客廳裡的護理床上，望著尚未完工的露台。日日夜夜，這位臨終者總是吵著要上ＤＩＹ超市，希望能夠完成他曾經興味盎然地起了頭的那項工程。日益逼近的死亡打亂了他的如意算盤。

一個人該如何經歷與承受對自己生命的道別，這個問題並沒有普世的答案。唯一可以確定的是，「沒我不行」這句話不僅從第一次呼吸到最後一次呼吸都適用，而且還賦予了在這之間的人生一對飛翔的翅膀。因此，臨終之際所關乎的是道別一段「展翅高飛的人生」，其中不僅包括了自己單獨經歷過的人生，同樣也包括了與他人一同經歷過的人生。離去的人，絕非被風吹散得無影無蹤的空白葉片，而是刻劃著記憶痕跡、佈滿了人際關係的葉片。

「墓園裡躺了許多的人，沒有他們這個世界活不了。」這是愛爾蘭的諺語。愛爾蘭人認為人生直到最終都是一條穿越異地的路。然而，藉由活著與臨終，人們學會了一些事情，認識了人生的兩面。於是在已知的、未知的、孤單的和共同的路上，在看似平坦卻散佈著絆腳石的路上，在不起眼的死巷和單行道裡，形成了一份人口上的財富，直到生命的盡頭，這份財富一路訴說著成功的工作、成功的人際關係、「好的生活」與「善終」，不過卻也同時包含了失敗的經驗、惱人的經驗和絕望的經驗。**過世的人將他們在生活藝術上的成就遺留給這個世界，留下了值得在世的人承先啟後的足跡。**

伯格曼，這位成功且受人尊敬的兒童暨青少年治療師，曾在他的道別作品中，絕望且激情四溢地寫下自己對生命的看法：

不，我不想要你，不想要死，不想要辭世，在我身上依然沸騰著對生命的熱愛，我依然念念不忘，那些來我的診所裡求助的孩子，他們總是給我他們的信任，那些憂心忡忡的父母，他們雖然得要安慰自己的子女，但他們自身卻也需要同樣多的安慰，還有那些被迷霧所遮蓋住的銀線，它們經常會穿透一棵老樹的樹枝，直接灑落在我的窗前……我掛念著這一切，渴望地掛念著——如今這一切是否將永遠不再？真的可能會這樣嗎？

臨終會混在一息尚存的生命的所有面向裡，除了需要至今為止的生活藝術，更需要能夠放手和逝去的藝術。我們並非總能自覺到希望、人生樂趣、生存恐懼以及對於生命的熱愛，始終還在暗地裡爭奪著最終時刻的恩寵。陪伴我們到最後的，究竟是滿足、滿意、驕傲、自決、乏力、疲憊、絕望，還是憤恨難消？我們總能藉由回顧那些「活過與未活過」的人生究竟對於終曲有多大的意義，找到這個問題的提示。

「到了生命的盡頭，我並不想要有活得很膩的感覺，我想要讓自己感到活得滿足。此外，我更想保有一顆好奇的心，看看在由生過渡到死的過程中會發生些什麼、在那之後又會出現些什麼。」這段話出自黑塞爾，他曾是法國的反抗運動鬥士、「布痕森林集中營」（Konzentrationslager Buchenwald）的倖存者、外交官，活躍於政壇之上。在他高齡九十五歲、最後一次接受採訪時，他表達了自己對死亡的準備；儘管只剩最後一點力氣，他還是堅持要充滿活力地迎接死亡。

許多人都會在與臨終者的接觸中將死亡視為某種奧祕。沙爾法蘭克（Sabine Saalfrank）是德國某個臨終關懷團體的創辦人之一，她就曾寫道：「人們在人生最後的階段裡所發生與經歷的事，其實有點奇妙。死亡宛如帝王。當死亡陛下走進到某個房間，人們就只能隨他離去。」

身為垂死的個體，這個尚能意識到人間的人是全然孤單的。當通往生者國度的邊境逐漸關閉，人們會尋求心靈或意義方面的幫助，許多人會沉浸在自己的宗教信仰或精神信念裡，試圖在孤獨的生存經驗與對終極滅亡的恐懼中，讓自己有點受到保護和安慰的感覺。中古世紀有所謂「死的藝術」，雖然名曰「死亡」，當中卻總是隱含著「生的藝術」，因為死亡的確定性會伴隨著我們每個人度過一生。

因此，在中古世紀時，在由戰亂或例如黑死病之類的流行病所造成的社會動盪中，不僅僅給予傷者、病者或臨終者身體方面的救治，更在心靈治療的層面給予幫助，讓他們免於恐懼，讓他們能在濟貧所或修道院裡獲得安身之處，這些都是基督教的博愛表現。

永恆之謎

許多文化都不把死亡視為一個人的存在的絕對終點，認為意識會以某種形式超越生理的終結點繼續存在。埃及的、伊斯蘭教的、佛教的生死書，以及猶太教與基督教的學說和經典，還有一些宗教的宣傳小手冊，例如中世紀的女神學家馮賓根（Hildegard von Bingen）所撰寫的小手冊，或是馬丁路德（Martin Luther）的《為臨終準備的佈道》（*Sermon von der Bereitung des Sterben*），此外，還有那些描述了死後世界的神話，以及許許多多古老的典籍，都是想讓臨終者更容易去面對由生命的國度到死亡的國度這樣的轉變和「過渡」。所關乎的，無非是沉思，其中也包含了對於我們所不知道的那些伴隨死亡而來的事情進行思索。

當伯格曼得知「轉移到全身，病情已無可挽回」這項確診的消息後，他寫道：

許許多多沒有答案的問題，我還能期待什麼？答案很快就得出：什麼也沒有。什麼也沒有。但這並非全部的真相，大抵上並不是。我的罹癌通知……蘊涵了無盡奧祕，是宇宙之謎的奧祕，也是生與死的奧祕。無論何者皆無法以言語表達，超越了所有可經驗性。人類終究無法逃離這種自身纏繞其中的奧祕，這是直到步入真正的死亡後，最深入且無可避免的心緒。

前述的某臨終關懷團體創辦人沙爾法蘭克，曾經比較馮賓根所描述的臨終者因為某些特殊的挑戰所造成的心靈危機，以及臨終關懷之母庫伯勒羅斯（Elisabeth Kübler-Ross）所提出的臨終過程中的五階段模式，將由於死亡所引發的情緒衝突，比喻成由「否認－憤怒－談判－抑鬱」等階段所組成的過程，馮賓根則是將基督教的「死的藝術」理論詮釋成安慰與勸解，提醒人們反思信仰與耶穌基督的慈悲，她同樣也將臨終者的心靈衝突描寫成一種過程，在這個過程中，誘惑與安慰相互交錯、互相爭鬥：

- 「懷疑」與帶來平靜的「信心」爭鬥。在堅定的信仰面前，來勢洶洶的恐懼惡魔將避之唯恐不及。臨終者的床邊聚集了提供保護的天使與聖徒。
- 人生中的過錯所引發的「絕望」，會去挑釁臨終時具有安撫作用的、對於獲得寬恕的「希望」……希望是通往天國的嚮導。
- 「培養耐心的告誡」有助於對抗對於自己的苦難與照護者的「不耐煩」：容忍自己的病痛是種淨化……在此懲罰我們的苦難，會促使我們走向上帝。
- 「自滿」、「自大」、在信仰上態度傲慢，或是沉浸於個人的小小成就所帶來的虛榮，在這種情況下，這些都是惡魔所發出的誘惑……當一個人自以為是，在某些事情上自以為正義，他便會墮落。在死亡面前，我們應當保持「謙卑」。
- 第五種誘惑是「貪婪」。它是出自於一種對過往和外在的事物的執念，譬如念念不忘於妻子、人世間的朋友、物質財富，或是臨終者在人生中過於高估的其他事物。能夠有效對抗這種傾向的，則是「慷慨」和「放手」。

在中古世紀的「死的藝術」中被當作「生的藝術」的一部分提出的問題，在某種程度上可說是永恆的，它們不僅勸告基督徒，更勸告每一個人，去思索生命與死亡。它們也質問了我們，在生命終點處的終極道別與至今為止的人生有何關連。對於建立一種講求人道的臨終文化而言，在有生之年就已想到，人終須一死，這不會有什麼壞處。對此，我們還應當相應地去計劃自己的行為，我們應當注意，自己的言行舉止應該本著愛的精神、本著對於生命的敬畏，應當多行善事，應該意識到自己的不足、冷漠和懶散。我們還應當去面對人世間的苦難，意識到自己所負有的部分責任。因為，套用史懷哲的話來說，「我是在想要活著的生命之中的想要活著的生命。」

某些人會自詡為現代人，或是無宗教信仰的人，在某些重要的人生事件裡，例如他們的親屬、朋友或同事的出生、結婚或死亡，他們也會去參加某些儀式，然而，這些儀式所參照的，卻是不同的真理、宗教或信仰。某些遺屬會發明他們自己的儀式。跨宗教的對話，早已滲入了細膩的臨終陪伴文化裡。在教會與宗教團體逐漸式微之際，現代的殯葬服務接手了此文化任務。如今已有越來越多的葬儀學校成立，甚至還會舉辦「墓園日」之類的活動，人們會相互討論，他們想在自己的葬禮上採取什麼樣的儀式，採用什麼樣的歌曲、符號或文案。對於許多人來說，對臨終之後的那些事情提出某些構想，能為他們帶來慰藉，而能信賴與寄望於充滿人道關懷的臨終陪伴，更能令他們感到寬慰。關於這一點，我還會再更深入地說明。

臨終的藝術攸關生命。臨終和死亡都是生命的一部分，它們的位置不在社會的邊緣，而在社會的中間。臨終關懷運動的精神與實務，可以幫助我們在家庭、學校及社會裡點燃人性尊嚴教育的火花。這樣的教育可以幫助我們更加了解，人的生命所關乎的究竟是什麼。在活著道別這件事情上，每個人仍保有充滿挑戰性的希望，我們可以去學著面對死亡的痛苦，可以及時開始去思索這方面的問題。為了認清自己的本性，我們必須把自己看個仔細，這點並非只有佛教徒才要學習。

「善終」的前提是「好的生活」，對於我們每個人來說，這代表著回顧，代表著去審視一下在我們的人生中有過什麼缺陷。最重要的衡量標準就是主觀的生活情感，也就是在極限與機會之間全力以赴，不去計較這些努力是否能在人生的終點換來收穫，抑或會在死亡接近時徹底動搖。

在自己的人生中變老與理解變老的藝術

人們總會以各種方式去思索，自己如何才能利用各種機會與不確定的因素去掌握自己的人生。人生該怎麼過，人生需要些什麼？在人生的有限性與侷限性這些事實之外，哪裡還能見到有助於發展人生的潛能與可能？我們必須學習什麼，才能既看清自己生命的獨特性與原創性，同時又不會忽視生命的普遍性及其網絡性與交錯性？變老和成為老人代表著歷經了成長過程，而在抵達它的終點前，即使再怎麼年邁，成長都仍然持續。**死亡是人生的最後階段，在通往人生終點的道路上，每個階段都會更進一步地形塑我們。**即使是到了人生的終點，人格同一性依然活躍，它會在形塑中改變自身的觀點，會帶著追憶的眼光落葉歸根，會像被操到疲累不堪的肌肉般清醒的存在。

我們不曉得當我們逐漸上了年紀，會有什麼在等待著我們。我們也不曉得還會有哪些具體的任務，能讓有限的生命得以有尊嚴地劃下句點，而且還能以合宜的方式完成些什麼。一個人如果一直以來都能以正直的方式完成人生的冒險，換言之，在不傷害他人的前提下，讓自己過得幸福美滿，我們通常就會稱他為「生活藝術家」。

自主、自決地去過自己的人生，代表著在人生的危機中，在人生不同的境遇中，能夠具體地形塑自己的人生，能夠保障自己的人生，能夠給自己的人生明確的方向，能夠在一方面追求自己的幸福、另一方面又顧及群體的利益下學會知足。人生是個困難又複雜的課題，無法被簡簡單單、理所當然，甚至讓所有人都感到滿意地解決。

老年學研究將其詮釋為「即使未能達到樂觀的程度，可是對於各種既存的侷限與負擔，抱持著正向的人生態度與未來展望」，這不但是心理抵抗力（韌性）的特質，更是我們這個社會的人性潛能。

一個人如何能夠在道別中回想起，自己在有生之年完成了什麼、學會了什麼？為了讓自己高興，直到最終他又想要些什麼，是知足、正向思考、心理建設，還是仍以某種方式與群體相連？顯然直到生命的終點，在人生種種的挑戰中，重要的是能夠利用自己的人生盡力做好每件事，盡力讓人生充滿美好的、令人鼓舞的各種可能的面向，並應當時時留心，那些多半默默地伴隨著人生、雖然從不曾獲得重視、但卻能促成「**寧靜的幸福**」的小事。對於美好的成功人生，諸如享受的能力、輕鬆的態度、知足、謙卑、某種特殊形式的順理成章等等，這些似乎都像是某種防護罩。生活藝術家會利用自己的人生態度讓自己的人生臻於至善，達成某種不必時時刻刻全力出擊的生命特質。

聽起來是不是美好到太不真實？是否還需要一個苦難圖像的樣版來相對照？並不是要將老人塑造成人口浪潮襲向其他世代，而是必須認清那些干擾因素，在通往由小事所帶來的幸福的道路上，這些因素會阻礙許多人的享受能力、輕鬆態度和知足。我們都很清楚活過人生是我們首要的任務，必須在不同的歷史與社會條件下設法存活。

時至今日，這點對於高齡者更為重要。這無非是因為過去人們能保障自己的晚年，如今卻未必能全然如此，不僅是對於「有保障的年金」的設想，就連對退休後的美好人生的期待，都讓許多人遭受沉重的打擊，並陷入絕望。人生來必須呼吸，且需要空氣才能呼吸，但能夠獲得新鮮空氣的管道，例如度假、去森林裡散步、騎腳踏車、坐在水邊、在花園裡工作等等，到了老年時卻會變得稀少。許多人就連負擔得起的居住空間的這種基本條件。對於某些在家住了幾十年的老人來說，突然間會面臨到這樣的問題：在自己家裡是否也能獲得妥善的關懷與照護？

生病的人與需要醫療協助的人需要有管道通往醫療系統。然而，醫療服務的具體現況是如何，休閒社會又該如何因應高齡與臨終的人士？一個人若是陷於老年貧窮，就必須學著去順應貧困，一個人若是在配偶過世後只剩孤身一人，除非他想保持現狀，不然就必須去關心並經營一下自己的社會網絡。「美好的人生」是種相對的成就，需要我們持續地進行檢驗，「美好的臨終」亦然。**我們不是天生的「生活藝術家」，但我們卻可以在截然不同的環境下成為「生活藝術家」**。近乎或低於生存基本條件的人生，則會讓人難以克服在人生與道別人生中所面臨的挑戰。

學著好好說再見更勝於生存的藝術

生的藝術並非僅由生存的藝術所構成；儘管對於僅有些許年金、只能維持基本生活的許多老人來說，生存已是一項高難度的藝術。人人都想要享受自己的人生，想要感受幸福美滿，想要放輕鬆，想要藉由度假或休閒讓自己過得不錯。

儘管享受卻並非實際日常生活的主軸，但即便是在最艱困的條件下，日常生活也能經常充滿著享受和感官愉悅。家中寵物或是老人院裡的毛小孩探視、在公園長椅上的曬太陽時間、意外受邀的宴席、儘管頗有疑慮還是勇敢完成的小型遊覽車之旅、超市裡的特惠商品，以及醫生大方給予病患的時間，這些都是日常生活中的「小確幸」，是生的藝術的實踐，特別能夠在老年人身上強化其對生命的熱愛。

特別是在子女離家獨立之後，在達到可以主動申請退休的年齡之後，在許多事情都已被完成或再也無法被改變之後，這時生的藝術就是一種停止對於時間、知識與快樂的追求，在這當中，人才是最重要的。這種生的藝術所要問的並非物質上是什麼，而是超越了生命之外去探問其意義，即過去和現在的人生對生而為人所享有的意義。完成了什麼？實現了什麼？滿足了哪些需求與願望？是什麼賦予了一個人意義，什麼能夠在一個人身上持續引發對生存的欲望，而非只是引發對死亡的恐懼？什麼會如同恥辱般令人感到挫敗、絕望或難以抹滅？

思索與自省個人的生活現實與人生經歷，便是生的藝術的一部分。生的藝術不能在人生與人生盡頭的陰影面前退縮，而應認清即使是最棒的生活藝術家也可能會栽跟頭。由於所有有生命的東西都以變化為基礎，生的藝術並不追求「正確的人生」，也完全無法以坊間或媒體中那些貧瘠的人生指南維生。

生命需要**創造力**，以及奠基於「**自我生成**」（autopoiesis），即**自我形塑**、**自我組織與自我決定的能力**。智利生物學家梅圖拉納（Humberto Maturana）與瓦雷拉（Francisco Varela）共同提出了所謂「自我生成」的概念，指的是**隨時能夠超越自己取得成長、能夠跨越發展所面臨的極限的能力**。

曾有臨終者為了等待自己的孫子出世，延長了醫生所預測的餘命。有位患有失智症的老太太為了將自己心愛的菜餚傳於後世，居然在接受臨終關懷期間，結結巴巴地口述出自己的祕密食譜。更有一位老先生在嚥下自己的最後一口氣之前，努力化解了一場由來已久的繼承糾紛，並且向自己的兄弟請求原諒。就這點來說，生的藝術如同死的藝術，都具有某種共同的政治面向。誠如頗具同理心的德國老年學學者克魯斯（Andreas Kruse）所述，這兩者都必須被看成是對於我們這個社會的人性潛能，看成是臨終的人道文化，而且都必須被實際應用。

尋找能夠拉近距離的語言

「人之所以為人，是因為我們能夠彼此交談。」自幼便被病魔纏身的德國哲學家雅斯培（Karl Jaspers）在某本賓客提詞留念冊裡，為我們寫下了這句話。我們顯然必須適當地練習對話，必須尋找能夠讓我們相互了解、拉近彼此距離的語言。

一個人在自己的人生中確實經歷和體驗到了些什麼、伴隨著什麼成長、哪些成就對他來說是重要的、哪些成功是他引以為傲的、他為自己的一生做了怎樣的總結、他於公於私想對後世說些什麼，這多半都是不為人知。也因此他的知識、體驗和經歷，無法在本於臨終者的個人經歷所做的臨終陪伴上，提供鮮明的參考依據。然而，如果我們願意去詢問、去傾聽，臨終者或許就會願意去回顧、去講述，自己的一生究竟是被什麼所驅動。我們可以從這些內容中看出一個人的面貌，讓人口曲線變得生動，直接或間接地訴說了人生、臨終及對生命的道別。

在《最美好的年代》（*Die besten Jahre*）一書裡，幾位女性講述了自己變老的經驗，她們把這些經驗當成是自己在通往人生終點的路上所攜帶的行囊。她們也明白地指出，如果我們想在個人的人生道別背後，發掘出一個世代的共同人生經驗，我們可以向她們學些什麼。不僅如此，這些經驗對於所有人世間的兒女、子孫也都十分寶貴，就「生的藝術」和「死的藝術」而言，它們可說是全面且綜合的「人生輔助」！

現年七十六歲的德國女作家巴赫（Ingrid Bacher），用以下的這一段話做了總結：

我不想錯過老年。我們並非天生經久耐用。這就像是一種呼喚，呼喚我們去意識自己的處境、去積極地過活、去接受和喜歡這個部分，即使一切可能只是徒勞。在老年時，我們不再需要為了報償而活，老年雖然背負著沒有未來的詛咒，但它卻也同時帶來了難以估計的好處：得以回顧的縱深，以及豐富的記憶與經驗蘊藏。我們不必再把精力浪費在那些芝麻綠豆的小事上。由於我們站上了一個可以概觀的視角，我們得以放眼更大的脈絡與格局。由於終點的到來是可預見的，這點可以增強我們對生存的渴望。這就好比在長日將盡之時所發出的夕陽餘暉。在完全隱沒之前，在城市的萬千房屋之上，發出璀璨無比的最後光芒。

現年九十歲的戈爾曼（Rosi Gollmann）是德國「安德里援助組織」（Andheri-Hilfe）的創辦人，她表示：

我越是敢於去面對新的挑戰，我就越覺得自己年輕。……在我十八歲時，我就已經明白地告訴自己：幫助他人就是我這輩子的人生使命。對我來說，這項決定就代表著放棄婚姻和家庭，對我的父母而言，這就代表著放棄女婿和外孫；對此，他們曾經感到十分苦惱。……回首過往，如今我十分肯定：雖然我放棄了婚姻、兩性和子女方面的愛，我卻被厚重地回饋了一份無所不包的愛。……工作讓我保持年輕。我越是敢於去面對新的挑戰，我就越覺得自己年輕。我從不會因自己的皺紋而感到羞愧，它們是人生的象徵。我經常見到，不少女性會大聲抱怨因為老化所造成的一些小病痛，在喝咖啡聊是非的時候，她們不再傳閱度假的照片，改成傳閱X光的照片。而對我來說，變老卻是一種財富，一種由令我感恩的種種回憶所構成的財富。接受自己的人生、即使到了老年仍能有所作為，這樣的權利其實就握在每個人自己的手裡。

現年七十五歲的前書店老闆米勒認為：

老年對我來說是個美好的人生階段。我從三十八歲起就守寡，我的丈夫在他年僅四十歲時就突然離開人世，留下了我和兩個兒子，一個十二歲，另一個還只有四歲。那時我沒什麼錢。儘管如此，我還是希望能夠盡力幫助兩個兒子完成學業。於是我一個人胼手胝足、省吃儉用地過了大半輩子。過不久，我就要搬去和兒子及媳婦同住，將和他們一起組成一個多代同堂的家庭。這一切都經過了我們的深思熟慮……對於重新開始的這項決定，我感到十分欣慰。基本上，我不是個喜歡冒險的人，不過，我出於直覺所做成的決定，絕大多數卻都是正確的……對我而言，老年幾乎可以說是最好的人生階段，是十分美好的歲月，我擁有更大的喘息空間、更多的人生自由，我變得更從容、更平靜，變得更少發脾氣，我覺得再也沒有什麼事情能把我怎麼樣。……如今我再也不想只是為別人而活，我也必須為自己打算，必須傾聽自己的身體，感知自身所發出的警報。我認為活到了這把年紀，我有權做自己想做的事，我對這一點感到很辛慰。

人口的變化含有許多人生經歷的面貌，藉由那些歡笑與憂愁的皺紋、那些疲憊與好奇的眼神、那些多采多姿的言語，再再都透露給了我們許許多多的人生故事。為此，我們必須放開胸懷，與他們對話，打破他們的孤立，親身去體驗。我們會經驗到在人生中，特別是到了人生的盡頭，什麼才是最重要的。

此外，訃聞、墓園裡的花圈和墓誌銘、祭文、家族史、自傳、電影等，也都訴說了往生者的故事。他們不應該被遺忘，因為當我們學會了去談論臨終和辭世，他們同樣也一起為某種講求人道的代間臨終文化做出了貢獻，這樣的文化讓臨終與死亡不再被視為禁忌，得以重返生氣蓬勃的公民社會的中心。

讓變老成為個人與社會的命運的表徵，而且比攬鏡自照更能凸顯出臨終問題的是那些被陳述出的經驗、人生的轉折與成功、工作經歷、那些疾病、那些道別，以及那些在每個人生階段裡所發生的能力喪失和所具有的人生意義。

並非只有到了人生的終點才需要告別的勇氣，事實上，整個人生都需要勇氣、力量與堅強的生存意志。當一個人步入了老年的階段，尤其需要耐心和平靜才能保持在正確的路途上。在一個還算充實、可以承受、令人滿意、尚稱完美的人生的終點處會有些什麼？如果一個人面臨到個人的界限與挑戰，如果某些思想或情感上的障礙讓人生變得困難，如果周遭的人望而卻步，以致於一個人找不到能夠有尊嚴地離開人世的地方，這個問題的答案則還有待觀察。

現年八十九歲的帽匠安特曼認為：「人必須對自己有些想法。」她進一步解釋：

雖然我已上了年紀，不過我還是每天坐鎮自己的帽子店。經常有人問我幹嘛還要工作，就連我兒子有時也會唸我：「妳這輩子已經工作得夠多了，何不乾脆放下工作，好好地享享清福！」可是，我一個人在家裡閒著要幹嘛呢？我很喜歡我的工作，對它充滿了熱情，我就是需要我的顧客和我所製作的帽子。……有事可做是很重要的，即使到了老年也不例外。……多年來，我一直寡居。我那大我十歲的丈夫喪生於戰爭中，不靠丈夫一個人活下去，這對我完全不成問題。在丈夫去世後，我也曾再有過幾段戀情，我畢竟不是個天使。……不過我倒是再也未曾真正地愛上一個人，如今這一切對我來說也太晚了，到了我這樣的年紀，人們再也不需要這些了，現在我只愛我的帽子。……重要的是，人得要自我關懷。我每天都會穿上漂亮的洋裝，配上一頂帽子，沒有帽子根本談不上穿著，我曾經想要改穿褲子，但這行不通，因為我不能彎腰。……年輕人往往會對老年人感到不耐煩。有些不認識我的顧客會認為我太老了，不適合為他們提供意見，許多人甚至認為老人家在妨礙他們，是種累贅，我在每個地方或多或少都能感受到這種氛圍。我總是在想，如果你們真能活到和我一樣老，你們自己應該也會覺得很高興。

人生的奮鬥沒有年紀的侷限，但卻需要一個人渴望活著的意志與決心。

在人生的基本開放性與不可預見性中，人生是一場特殊的、具有時間限制的冒險，即使步入了老年、接近人生的終點，我們也無法躲開這場冒險。我們所要做的無非就是克服困難、險阻，為自己贏得安康、幸福。這場冒險沒有「我」的參與是不行的！生活一定會對健康造成危害，疾病終歸是人生的一部分，正如日之於夜不可或缺。

在特別需要平靜的老年裡，人生的節奏並非取決於墓園的寧靜，而是取決於運動與衝擊，取決於帶有或沒有藍色閃光燈號的大大小小的危機。發育危機與成熟危機、認同危機與價值危機、疾病與痛苦、失業與財務危機、感情危機、要求過高與要求過低、敵對與競爭、角色危機與地位危機、以及包含在其中的道別，這些都是會以不同的重量與強度一路直到高齡將我們向前推進的挑戰。我們的生命力會伴隨著它們增長，但卻也可能由於不堪負荷，導致長久下來日益衰弱。

建構與衰竭會攜手同行，誕生與每日的死亡也一樣，愛會萌生和死去，伴侶會與我們共同生活，會先於我們死去，理念會萌生和死去，年金看似可靠，其實不然。一個細胞被生出，另一個細胞則死去。一朵花會盛開，接著歸於凋謝，沒有什麼會恆久保持，沒有什麼會永遠不變，這一切的最終道別都是我們可以預見的，它們全都增益了我們的視野。

對於生命的喜悅與熱愛依戀著成功，於是我們希望人生中的蹇運和幸運能夠互相保持平衡，在危機隧道的盡頭能夠重現光明，人生中的困境不會讓我們一蹶不振。恐懼、軟弱、痛苦、不安、變幻莫測、出乎意料，無論是在我們個人看來、還是在整個社會看來，當然不會有什麼好名聲，但它們終歸是一段鮮明人生的重要特徵。它們往往被視為是多餘的、可避免的或可處理的，是富含意義的事件，提醒我們面對生死、去用自己的觀點談論它們。

遺憾的是，它們卻老是被排擠到邊緣，為了讓我們充滿寧靜，它們必須被「弄走」、被移出我們的視線，如此一來，生活、工作還有晚年才能不失效率。對此，「正向思考」是頗具宣傳功效的標語。健康與幸福在超市的貨架上，發現了自己的一席之地，至於風險與副作用，我們則帶著它們去找醫生和藥劑師。人生與情感的山谷或深淵必須被填充、填補或填平，這樣在上了年紀時，一個人才能輕而易舉地攀越可以預見的高峰。沒有什麼會比一個人可以看出另一個人年事已高更遭糕。

為了阻擋人生中那些苦的、難的、脆弱的事情，為了在別人面前將它們隱藏起來，如今也有越來越多的老年人，自願且合乎法律規定地服用安眠藥、鎮靜劑、興奮劑和麻醉劑。許多人變得抑鬱、喜歡爭吵，整天在賣場中尋找特惠商品，或是忿忿不平地緊抓住自己的助步車。另有一些人則是對年老、逐漸失去重要性、遭人排擠感到恐懼。但他們就是不願去談談，情況到底是怎麼一回事。

談就談，可是要談什麼？什麼才是對的問題？

浮泛地去談論高齡化社會、談論世代的衝突、談論對於健保支出造成嚴峻威脅的人口變化，這會妨礙我們細膩地去討論，一個人在所有的人生階段裡在身體、心理與社會方面可能遭受的傷害，還有在上了年紀之後可預見的年老體衰。關於尊嚴、自主、自決、臨終時獲得妥善的醫療或安寧緩和照料，這些位居人類基本需求中心點的問題，不論是在個人方面、還是在集體方面，迄今仍未能獲得深入的思考。

在醫美、家具、旅遊、製藥、醫療器材以及殯葬集團，皆將客層瞄準經濟實力堅強的六十歲以上老年世代的同時，唯有所謂繼承世代的富人才會去問該由誰繼承、以及為什麼！社會與健保一直在為生病與需要照護的人日益增加做準備，壽命延長同時也代表會有更多高齡特殊疾病，例如失智症、中風、心臟病與癌症等等，這和過去其實並沒有多大的差別，只不過從前的人比較篤定如果自己養育、照顧過子女，等到自己上了年紀後，子女必然會反過來照顧自己。但是，這個令人滿意的社會網絡如今怎麼樣了呢？

當身體日益虛弱，心靈能如何給予它幫助？上了年紀之後，人們一方面不想孤獨，另一方面卻又像害怕黑死病那般害怕群體生活，這該如何是好？哪些人需要老人院或療養院才能維護自己的尊嚴？哪些人需要集居公寓？今日的這個老年世代享有前所未有的長壽，這到底是福還是禍？如果他們想將自己的經驗傳承給年輕的世代，年輕的世代究竟有沒有意願將這些經驗接受下來？

變老總是虧本生意嗎？人是否唯有變老才能變得有智慧？為何我們很少去追問，我們能從年歲中獲得些什麼？在老化的過程中所增加的經驗，究竟是會讓我們喪失自發性與開放性，還是會讓我們對於經驗、平靜、信心、友誼和愛有更清楚的認識？在平均餘命的延長下，諸如人生夢想、性、居住概念或家庭需求等，各產生了什麼變化？一個人真有自己所感覺的那麼老嗎？長命百歲究竟是彩色的、還是黑白的？正如我們自始至終都在學著走過我們的人生，我們同樣也能學著走過最終的道別。

德國《明星週刊》（*Stern*）曾給予澳洲公益作家維爾（Bronnie Ware）所著的《你遇見的，都是貴人》（*The Top Five Regrets of the Dying*）一書這樣的評語：「這本書是給我們這些生者的寶貴箴言！」在漫長的對話中，一些臨終者思索著，有鑑於自己即將面臨的人生終點，如果人生能夠重來，自己希望能有些什麼不一樣的作為、情感和決定。以下是她所陳述的主旨：

- 我希望，過去我曾有勇氣，可以忠實地做自己，而不是依照他人的期待過活，可以去認清、去檢驗外在環境的影響與自我套上的枷鎖，如有必要，甚至還能掙脫或拋開它們。不過，更重要的是，得去留心存在於自由意志中的力量。

- 我希望，過去我沒有那麼忙於工作；能夠考慮到良善的意圖與正確的目標，能夠認識與實現素樸的幸福。
- 我希望，過去我曾有勇氣，可以表達出自己的情感，可以將自己從罪惡感中解放出來，這些罪惡感會蔓延到許多情感上，它們也被證實是多餘且有礙人生；勇敢與正直總會得到報償。
- 我希望，過去我能保持與朋友們的聯繫，將他們的存在當成是賜予我的厚禮，以這種方式讓幸福進到我的人生裡，因為「幸福總在當下」。
- 我希望，過去我能享受更極致的快樂、能給幸福更熱烈的歡迎、能撥出一些時間嘗試新的生活方式；不僅對他人，同時也對自己，採取友好且寬容的態度，這是無悔人生的一部分；珍視到達人生終點之前僅剩的時間，同樣也珍視個人在一生中所獲得的種種餽贈。

不要擋住自己的去路！這是這本書所要傳遞的訊息之一。我認為那些臨終者所指的並不是遺憾與過錯，他們其實是在談論艱難的生活藝術，他們感知到了那些「未被活過的」人生，感知到了那些他們體驗過的、解開過的、在另一回裡卻可能解決不了的、如今到了人生終點已然打包好的矛盾。

在每個人的人生裡，都或多或少會存有一些遺憾的感覺，帶著無法達成某些事情的回憶、對自我價值感的不完滿，以及無法突破的某些糾結。然而，無論身在何處，一個人若能以其個人生存的整體觀點回顧並玩味自己的人生，其發展過程及那些驅動其人生的事情，還有那些讓他成為今日的他的特有且獨一無二的本質，也都會變得顯而易見。如果一個人能夠在整體的脈絡下看清自己的過去、行為和經歷，就會成為德國當代哲學家斯洛特戴克（Peter Sloterdijk）所謂的「有看頭」的人，值得我們去仰望。

過世的人會將自己的身分認同賦予廣大的宇宙。人生的學業已完成，畢業就在眼前，但為了道別，總還是有些東西得要學習。直到最終，選擇性地節制與知足，這些課題依然同時是挑戰、安慰與解脫。順應與善用剩餘的力量和機會這項特別的藝術，讓我們得以擺脫供給過剩和種種的補償策略，它們會帶著諸如零碎、不確定、膚淺、煽動和過度飽和等風險，包圍我們的人生。道別需要休息區，需要聚精會神的逗留，需要對於還想被聽到、被看見什麼的專注。

在回顧自己的人生經驗中，重要的是敞開內在與外在的空間，這並並非僅止於表面的接觸與一般的慰問，而應當要能促成一種平和的、面對面對談的文化。

「神經性」疾病、神經負擔與注意力障礙的增加都顯示出了一大發展趨勢，這股浪潮就像是一場持續的波濤攻擊，人們即使到了臨終的階段也無法平靜，反倒被各種活動給淹沒，彷彿應當急急忙忙地死去。能夠有意義地去完成那些自己還能做到的事，進而將它們嵌入自己的人生座標裡，這樣的能力遭到了現今這個世界的挑戰。

相形之下，這個世界的結構與時間系統所根據的較少是使用者的生活能力，較多是商品與勞務的供給，將不可或缺的健保服務、醫師登門拜訪、服用藥物、飲食與睡眠方面的健康建議等，或多或少整合到自己的生活裡，這可謂是一大挑戰。這讓許多日漸變老的人陷入某種「昏睡」狀態，諸多關於健康生活的囑咐與指示，只會讓他們趨於病態！

在最後的人生階段裡，一個人所需要的，不單只有醫療與照護的規定，而是良好的生活品質，換言之，**在身處的條件下，盡可能過著充實且有意義的生活**。

《聖經》的〈詩篇〉第九十篇提到：「求祢指教我們怎樣數算自己的日子，好叫我們得著智慧的心。」每天來點小小的幸福，接受挑戰，勇敢地迎向下一回的過渡。營造一個能夠遮風避雨的地方，坦然面對自己與他人的不測風雲，順其自然地迎向不可預測的水域、迎接出人意料的洪水，同時還能清醒地在人生的最終階段維持安穩前行的秩序。

這就是所謂的「生的藝術」，同樣也是「死的藝術」。

第五章　「製造」臨終

亨尼．舍夫

具體地幫助臨終者

多年前，當我們在集居住宅裡陪伴一位病重的朋友，後來還有她的兒子，度過他們的臨終階段時，我們從未刻意提到臨終關懷。他們兩位皆不曾表示過希望這個階段快點過去。不，他們其實都不想死，他們想要活下去。他們覺得這十分不公平，為何他們必須死，而其他住在同一個集居社區裡的人卻能繼續活下去。他們不想白白浪費掉自己僅剩的一分一秒。

在克勞斯再也無法飲食時，我想情況恐怕很不樂觀，當一個人再也不能飲食，他應該就離自己的人生終點不遠了。當時他瘦弱到幾乎只剩一副骨架，但他依然存有活下去的意願，他極度想要活著，想要一同經歷自己四周圍所發生的事。我們盡可能地讓他的房間保持明亮，讓盡可能多的刺激進到他的房間裡，我們不想從他的生命中奪走絲毫的光陰。而他那位陪他到最後的女友也認為這麼做是對的。

自主的矛盾

當事涉臨終時，我觀察到許多人對於自主都會抱持著矛盾的心態。我的第一本以老年為主題的書《灰白就是彩色》（*Grau ist bunt*），最終是以與幾位朋友談論臨終關懷作結。在那場對話中，瑪戈與維歐拉告訴我們自己為何會成為「德國人道臨終協會」（Deutsche Gesellschaft für Humanes Sterben）的一員。如今維歐拉已離開人世，當時她是在鄰近某個教會的慈善機構裡過世，雖然沒有請求德國人道臨終協會的幫助，她還是在充滿關愛的照護與陪伴下，走完人生最後的一段路。

就連在她身上，我也觀察到當她的年紀變得越來越大、距離人生的終點越來越近，她自己在多年前曾做過的一些決定也就越來越無法維持。她最掛心的並不是自己的死，而是她的生活伴侶，她希望他能將她接到北海，然後兩人能夠再度住在一起。

然而，情況顯然有所改變。並非所有的人都會如此，但這樣的情形我倒是見過不少。某個人先前可能很冷靜地決定一旦時候到了，要自己決定死亡的時點。可是等到時候真的到了，卻又對自己所留戀的生命依依不捨，不希望生命被縮短，希望自己能把它用好用滿。而在年老體衰的階段、在行將就木的階段，最是能夠彰顯出求生的渴望。

民意調查顯示，絕大多數的民眾都希望能夠死亡自決，他們認為這可以藉由安樂死來確保。耐人尋味的是，「德國安寧緩和醫療協會」（Deutsche Gesellschaft für Palliativmedizin）卻指出根本沒有臨終者願意提前結束自己的生命！誠然，某些人到了臨終的階段會提出安樂死的要求，但如果能夠和他們好好地談一談，並且提供妥善的安寧緩和照護，他們就不會再提安樂死。

對於大多數的人而言，安樂死的要求彷彿是在編織美好時光，可是到了緊要關頭，思想遊戲就會化為求生意志。這種現象十分近似於所謂的「文化失調」（cultural lag），即一個社會的文化價值無法跟上科技進步的腳步。在我們今日的文化裡，自主具有崇高的價值，尤其是對於比較年輕的世代，這是社會大眾的主流意見。然而，當我自己必須面對臨終這件事情時、當情況確實變得危急時，我卻會一改自己先前的態度，突然反對起先前的自己。

霎時間，在我眼裡，我的人生經歷、我的生活情況，全都不一樣了。這時我所關心的是我還能不能活過今天，我還能不能活過明天，我還能不能遵守下個星期的約定，我還能不能參與我無論如何都想參與的聚會，即便只是在場聆聽、感受一下氛圍。每件還可能在我的人生中發生的小事，一下子都變得無比重要，我不想放棄它們、我不想失去它們。我想再見見兒子、女兒一面，想再握握老伴的手，想好好地跟親朋好友說再見，想跟親切的護理師開開玩笑，想再聽一聽自己最愛的音樂，想再瞧一瞧自己心愛的花園。在這些簡單的基本體驗下，二、三十年前曾經做成的一個決定，就這麼戲劇性地發生轉變。

在臨終的脈絡下，自主顯然會有多種意涵，它可以代表某人想要自己決定「死亡」的時間、地點和方式。但卻也可能代表某人想要自己決定「臨終」方式，決定選擇一種在安寧緩和醫療陪伴下的死亡。

過去幾十年間，我都過得悠哉悠哉，不會一天到晚老想著自己的晚年和臨終，上了年紀之後，我才經常會想到死亡的事。如今我會閱讀一些談論臨終和死亡的書，也會看看以這方面作為題材的電影，並會參加以臨終和死亡為主題的活動，這都是我從未做過的。我一度認為這是那些專家該去研究的事情。我過去的一個信條就是：我所關心的是「生」，這才是我的主題，我必須專注在這上頭。由於有那麼多的困難、那麼多需要採取行動的事情，它們已經讓我夠累了，因此我不必再去為「死」操煩。

時至今日，我已越來越接近人生的最後階段，因而對這方面越來越感興趣。我的臨終將會是我生命的一部分，我開始對自己的餘命深感好奇；在現年二十歲左右的小伙子看來，這可能一點吸引力也沒有。我去配了助聽器，但我還是不太曉得該如何正確使用；在參加合唱時，它們顯然完全沒有發揮應有的功能。從前我完全不會想去談論這些問題。我的能力已然大不如前，我想知道自己還能做到什麼程度。在騎自行車與駕駛帆船時，情況也是一樣，我的單車之旅變得越來越簡略，不像從前我還能騎去比賽。今年我還是去駕駛了帆船，然而在途中我卻萌生停止再從事這項運動的念頭。

即便如此，我還是會忍著腰痛沿著挪威的海岸線航行，雖然我幾乎是動彈不得，但這卻是那麼地美好。我無論如何都想繼續體驗那空氣、那海洋、那微風、那太陽、那親切的人們、那宜人的天氣，更重要的是與相知、相契的朋友們同舟共濟的那種感覺。後來我們到了奧斯陸，有位與我太太結識了一輩子的朋友帶我們參觀了這座城市，簡直是美極了。事實上，我能做的事情總還是驚人地多；只不過前提條件已有所改變就是了。

當我越是熟悉自己的年老體衰，我的人生就越能在改變了的條件下獲得新的性質，這是我們所不能放棄或拋棄的。我拭目以待接下來的日子還會帶給我什麼驚喜。每個日子。

擔心淪為負擔

我在某次於布萊梅—奧博爾紐蘭德演講時結識了一位老太太，當我試著清楚說明安樂死這個主題，提及海明威與薩克斯等人的自殺時，她完全不以為然，對我提出了強烈的反駁。後來她甚至還為此寫了封信給我，內容如下：

我很想知道，你為何如此惱怒「安樂死」。唯有那些再也無法自我維持生命的人，才會去要求安樂死。對他們而言，死亡是一種解脫。我的母親在她四十八歲時就選擇離開人世，因為她再也受不了我繼父的拈花惹草。……我的母親是位醫生，她很容易就能自己開處方箋弄來安眠藥，後來（我的繼父）也吞了剩下的安眠藥，自願了結自己的生命。事實上，他是為了拋棄他的一個嫩妹而自殺，當時他已高齡八十三歲。我從很早以前就必須痛苦地面對「臨終」和自殺這些問題。我的兒子在他十九歲的時候就自殺了，他是個很有天賦的孩子，遺憾的是陷入了重度抑鬱。當時他選擇騎著自己的摩托車去衝撞一棵樹，家人們的自殺肯定影響了我，讓我寬容以待那些自覺人生再無價值的人，我深切同情那些不幸的人。

她的來信給了我很多的感觸。她說的沒錯，在安樂死的討論中，個人的人生經驗不能被抽離，也不能被忽視。個人的絕望與希望是做出自殺決斷的基礎，因此，我們不能以輕蔑或懷恨的態度去評斷他人的決定。我能夠感受到這位女士的母親與兒子的自殺，對她來說有多麼痛苦。

在另一封含淚寫下的信裡，她告訴我當時她是如何與一位女醫師共同決定，放棄救活她那騎著機車去尋死的兒子。對於這項帶著同理心的痛苦決定，至今我仍難以忘懷。在同一封信裡，她還提到了繼父的自殺經過。自那次的相遇後，我做了一番更深入的省思。是的，這世上的確存在著不想淪為負擔的人。

然而，我覺得「媒體將高齡化社會形容成末日的報導，讓所有變老的人良心不安」，這就彷彿是在我們這個社會正在進行的死亡辯論背後，所上演的大型真實戲碼。是的，照顧大量的老年人的確所費不貲。但我們並非只會變老，誠如醫學研究所證實，我們同樣也能長保健康。其次，我們的社會畢竟還算富裕，可以負擔得起更大的照護需求。我們應該為我們之中的許多人既長壽、又健康感到高興！

在這種背景下，安樂死的支持者獲得了一種似是而非的說法：如果你不想淪為負擔，那麼你還有「協助自殺」這個選項。我們到底是活在什麼樣的一個世界？我們要把關於死亡和臨終的輿論陣地拱手讓給那些玩世不恭的人嗎？

遺憾的是，並非只有少數斤斤計較的知識分子會這麼想，社會大眾也都普遍抱持著「不要淪為負擔」的想法。許多經歷過二戰與戰後危機和苦難的老年人都十分清楚，人生可以有多麼艱辛。如今他們年事已高，需要他人的幫助，他們卻說：「我還待在這裡做什麼，我再也沒什麼用處了，我不想淪為他人的負擔！」問題是，一個人的生命不能光以用處來衡量！不僅如此，如果我們給老人家這種無用的感覺，那才真是我們這個社會的恥辱。近年來，老年自殺在德國日益頻繁，我們不僅不能再繼續以相應的氛圍去餵養這種情況，更必須設法對抗這種趨勢。

我的一位兄弟是精神分析師，我從他那裡學到了如果想要求死的人適時得到了幫助，他們很容易就會再度想要求生。身為一個抑鬱症暨自殺風險專家，他這輩子曾經陪伴過許許多多想要結束自己生命的患者。抑鬱症是種人們可以克服的疾病，我的兄弟曾經治療過的許多自殺倖存者，後來都能重新再站起來。由於他是位對醫學抱持著批判態度的醫師，這點總是令我印象十分深刻。

所存在的，並非只有「自殺」本身，所存在的，還有各式各樣造成對人群絕望的原因，導致自殺者去試圖或實際結束自己的生命。自殺也是對社會的控訴，自殺人數的多寡是對於社會壓力的一種回應。如今在我們這個社會中高齡自殺的案例日益增多，這樣的情況絕非偶然。我們顯然未能提供老年人足夠吸引人的充分誘因，讓他們願意活下去。許多老年人都覺得，自己被排擠到社會的邊緣、自己被視而不見、自己是多餘的。

在《安樂死還是臨終陪伴？》（*Sterbehilfe oder Sterbebegleitung?*）一書中，奧地利社會學家許奈德（Werner Schneider）仔細探討了「安樂死」所帶來的種種社會問題。在這個脈絡下，許奈德提出了「製造死亡」（Sterben machen）的概念，這觸及到並非屬於「自主的死亡」或「安樂死」的刻意提前結束生命的核心，每個人都能對此有不同的理解，這是一種帶有安寧緩和醫療幫助的、有尊嚴的、無痛的死亡，或是一種自己所選擇的、帶有或沒有輔助的自殺。

許奈德指出，我們的現代社會是以「從搖籃到墳墓一路無痛的人生的承諾與幻象」聞名。在這個脈絡下，安樂死承諾了某種「有尊嚴的死亡」。然而，許奈德警告我們，如果考慮到在一個像我們如今這樣的個人化的社會裡，「自主」具有什麼樣的價值，所有那些「我們不得不在生存上依靠他人」的人生處境，例如生病、殘障、年老和臨終等等，都將因而失去其價值。我們必須設法對抗這種價值貶抑。

我早已察覺到，「激勵」對於我的日常生活有多麼重要。我需要每天有點事情做，不論是去參加什麼大型活動、還是上市場去買點東西，藉以讓自己動起來。如果我整天無所事事，我就會覺得疲倦，我就會喪失掉大部分的活力。如果一個像我這樣身邊還有妻子、朋友和子女陪伴的老人都會如此，那麼一個既衰老、又孤獨的人情況會如何就不難想像了。

當我每天都能期待些什麼、都能計劃些什麼，我就能夠防止自己掉入某種難以自拔的抑鬱陷阱。對於我個人而言，最美好的激勵，莫過於每個星期孩子們能抽空陪陪我們。與子孫們同在的幸福，被子孫們簇擁的幸福，為他們朗讀的幸福，與他們一起去玩水的幸福，這些全是給我自己的人生輔助。它們能夠幫我擺脫自己的沮喪和不悅。我的政壇前輩阿爾貝茲（Heinrich Albertz）在臨終前常說：「我活夠了，如今我已不必再活。」我總是反駁他說：「你這輩子身邊缺乏會跟你嘻嘻哈哈的年輕人，如今你住進了養老院，你能獲得的激勵更會遠遠少於你所需要的激勵！」

我相信，關鍵在於與人打交道，尤其是與那些能夠保護我們免受老年的蒼涼所侵襲的年輕人打交道。令人感到悲哀的是，老年人無法想像會有什麼年輕人樂意和他們在一起、會去欣賞他們的經驗與溝通能力。事實上，年輕人可以在老年人身上觀摩心理學家所謂的「韌性」，也就是一種能夠在遭逢命運打擊下復原、能夠彌補弱點的心理潛能。**如果一個年輕人能夠去分享一段活過的人生，這將是一份厚禮，它會反過來激勵自己的人生。**

在我的人生過程中，我總會一再認識上了年紀的人，我認為他們都是希望的負載者。例如，救了一整個國家的南非國父曼德拉（Nelson Mandela），還有許多勇敢的非洲祖母，在艱困的條件下，她們將那些父母死於愛滋病的孫子們撫養長大。此外，還有一些曾經反抗過納粹的老一輩的朋友。當我認識這些人時，我不會凝視著他們鬆垮的皺紋、僵硬的手腳，或是彎曲的背部，我所想的是我也要像他們那樣變老；對新事物保持關注且開放的態度，健談、敏感卻又不固執己見。也有其他人抱持和我同樣的想法。

讓一個上了年紀的人察覺到自己為人所重視，這是免於老年抑鬱最好的保護。為我們自己，同樣也為那些年老或臨終的人，我們必須在打造一個**值得活下去的社會**上下功夫。

給醫生與患者的保護區

根據統計，如今德國已成為僅次於日本的第二長壽國家。令人遺憾的是，社會大眾在討論我國的人口發展趨勢時，往往會散佈敵視老人的弦外之音。這些言論當然也會對安樂死的爭議造成影響。德國國會在二〇一五年秋天對此的決議，一方面令我感到欣慰，因為國會議員們以壓倒性的多數否決了在德國進行商業安樂死的許可，這也讓安樂死支持者庫許及其組織的圖謀受挫。這是個很好的結果。另一方面，我卻也懷疑這項新的法令是否同時也會妨礙甚至危及到，我們在安寧緩和醫療方面的重要工作。因為在安寧緩和醫療裡，痛苦、焦慮和呼吸困難的緩解，以及接受利用強效藥物所加速發生的死亡，這兩者之間的過渡其實很模糊。

在德國各地的醫學協會的職業準則裡對安樂死的規定南轅北轍，有些聽憑個別醫生本於良心做出決定，有些則完全不允許安樂死，這樣很不好。我希望各個醫學協會之間能夠設法取得共識，並在處理醫療性安樂死的議題上（商業性的安樂死絕對禁止），能有一套像德國司法判決所採取的方法，也就是法院遵循可靠的程序，將出現分歧的判斷提交下一個審級，如此我們才能在許多棘手、難解的案例中發展出一套可調整的判例文化。這種調整的文化同樣也需要醫師去面對臨終者。我強烈建議政治人物不要在這方面設置政策上的障礙，因為這種事只能是任意的，**臨終的問題應以個人為重，應考慮個別的情形**。因此，在遇到這樣的情形時，我們應當仔細觀察什麼還能做、什麼則已經不行。

一個醫生應該與能夠如何去面對一個已經窮盡所有醫療可能、卻仍無法挽回其生命的臨終者？我們不該要求一個受苦的垂死者要有毅力。對此，偉大的精神病學家暨哲學家雅斯培曾提出「痛苦疲勞」（Leidensmüdigkeit）的概念：處理這種情況，需要賦予醫師與患者一個保護區。這個保護區含括對自殺的尊重，如果有人意圖輕生，或是有人想要幫助他自殺，他們將不會受到處罰。德國知名作家海恩多夫（Wolfgang Herrndorf）生前罹患腦瘤，在歷經三次腦部手術、兩次放射線治療和三次化學治療後，他在二〇一三年、年僅四十八歲時舉槍自盡。他很清楚如果再過一段時日，自己恐怕就無力選擇這條路。他對醫學的信心顯然徹底崩盤，絲毫不想再繼續受苦。我們不必非得認為海恩多夫的自殺行為是對的，不過我們應當尊重他的自主。

也因此，於一八七一年制定、效力維持了超過一百四十年的一項決議「自殺不應受到刑事處罰」是如此地彌足珍貴。根據基督教的理論，自殺是種罪惡，納粹分子則把它視為怯懦，但這其實是種自主的行為。時至今日，即使是偏向保守的政治人物，也不敢去碰觸自殺除罪化的議題。人們不會去對一個因飽受痛苦而厭世的人加諸刑事審判，唯有或許可以緩解痛苦的醫師和心理醫師能提供援助。我們不能只是基於某項原則，或只是因為某人說上帝禁止我們自殺，或是出於其他某些原因就將自殺的當事人妖魔化、犯罪化。

不，我們必須以憐憫的、保護生命的心態去關懷處在這種困境下的個人及其利益，去面對自殺這個主題。在那些因飽受痛苦而厭世的人的床邊，不該出現檢察官或警探，那裡是屬於醫師的，檢察官站在醫師旁的畫面，光想就令人毛骨悚然。我不會想要活在一個像這樣的國家。難道我們想要和美國一樣，每個醫師都得擔心自己會被訴請慰撫金？醫病關係是建立在信任上，我並非任由我的醫生宰割，而是將我自己託付給他。多年前，在某次與友人們的閒聊中，我曾表示到了我行將就木的時候，我希望能有位富有同情心的好醫師陪伴我、理解我，讓我能感受到自己受到保護。

我的大姊蕾娜特已守寡多年，孤伶伶地一個人住在過去他們全家所住的房子裡，三名子女分別住在德國南部和美國紐約。幾個月前她不慎從樓梯上跌落，造成了血腫，由於沒有加以處理導致傷勢惡化，一度危及她的性命。於是，她被送到了醫院急診，必須緊急開刀治療，否則她的腿將不保。但她卻不想接受治療。當時她整個人十分驚慌，完全聽不進任何勸告。醫生在半夜兩點時對我們發出警報，到了兩點半的時候，他們說現在必須立刻動手術，否則就得截肢。於是我和她的幾名子女再度一同勸她。最後她才終於表示：「好吧，如果你們都這麼認為，那麼動手術大概就沒什麼關係！」接著她便表示同意，然後立刻接受了手術。時至今日，她還能行走自如。在一般的醫病關係中，我們就已需要這樣的信任，到了人生的終點，我們需要以這種信任為基礎，就更不在話下了。沒有信任，生與死的問題都只是空談。

後來，她在完成復健後，搬到了布萊梅療養院基金會設在鄰近的療養院裡，我們倆每個星期都會在那裡舉辦一場讀書會，療養院的居民與附近住戶都會前來捧場。就這樣，在分開多年之後，我們兩姊弟又找回往日的親密，能讓我重新接觸那些已將近五十年未曾再讀過的詩歌、敘事詩和短篇故事，像是馮塔納（Theodor Fontane）、史篤姆（Theodor Storm）、波爾謝（Wolfgang Borchert）等人的作品，這讓我十分高興。我的姊姊也在飽嚐十數年的孤寂後，重新找回了自己的少女時代。

安寧緩和醫療迎來曙光

我必須先聲明：**我所反對的是「商業化的安樂死」**。從國外的經驗就能看出，我們必須禁止這麼做。在荷蘭、比利時、瑞士、美國的奧勒岡州，舉凡允許安樂死的地方，那裡的安樂死案例便會逐年增加。在比利時，就連對兒童也能施予協助自殺；至於在荷蘭，則是就連對沒有同意能力的人，即精神病患也能施予。那些地方到底發生了什麼事？安樂死是否真如支持者所言，降低了自殺率？或者，供給其實是引發了需求？我不敢斷言自殺與協助自殺之間存在著某種直接相關，畢竟所涉及到的資料十分龐雜。不過，有一點我倒是敢肯定：我害怕這門生意！

我曾在德國名主持人安妮威爾（Anne Will）的某個節目上，坐在一位來自瑞士某個安樂死協會的負責人旁邊，他是位相當機靈的律師，字字句句都是十分犀利的攻擊。在節目中，安妮威爾介紹了該協會的前負責人（其在與他的爭鬥中被踢出局）。安妮威爾有憑有據地陳述了他是如何驅使那些猶豫不決的人自殺。對此，我們必須先了解，唯有當意圖輕生的人完成自殺之後，錢才會流入他所屬的協會。十分殘酷！那些絕望的人生活其中的是一個什麼樣的環境？在我臨終時，我不希望像庫許這種自稱為「安樂死協助者」的偷渡者坐在我的床邊，我對他們深感懷疑。

早在納粹時期，納粹分子就已用同情、憐憫來包裝他們有系統地對於身心障礙人士所進行的「安樂死」，他們找來了許多負責執行這種「同情、憐憫」的醫生擔任劊子手，什麼生命有生存價值、什麼生命不再有生存價值，全由他們決定；而這正是我們所必須避免的情況。因為醫病關係無論如何都得留在一個信賴區間裡。

前述的社會學家許奈德，正確地指出了我們的死亡，在大抵上確實是取決於我們如何生活。由於社會中的健保系統是不平等的，因此在臨終和死亡上情況也是一樣，這點並不令人意外。教育程度、收入和社經地位越高的人，多半越是健康、長壽。是以許奈德的問題一針見血：「為了能在這個社會中獲得『善終』，今日與未來我們需要多少的『資本』？」金錢、關於照護系統的知識、社會網絡，這些因素決定了我們將會如何離開這個人世。我認為，在這些基本面向之前，安樂死的爭論根本就只能淪為餘興節目。

德國哲學家史貝曼（Robert Spaemann）曾在《論善終》（*Vom guten Sterben*）一書寫道：「臨終關懷運動才是對於我們目前的處境具有人性尊嚴的解答，而非安樂死運動。在臨終不被理解與培植為生命的一部分的地方，死亡的文明才會開展。」我們不需要新型的安樂死，我們所需要的是優質的安寧緩和醫師，還有在安寧緩和醫療上做過進修的家庭醫師，他們可以給予一個罹患不治之症或臨終的人良好的照顧，讓他根本不會萌生要求「協助自殺」的念頭。

醫病關係必須以能共患難的信心來營造，這是我們必須努力的目標。

雖然安寧緩和醫療照顧具有日益增長的趨勢，至今卻依然還是個嚴重不足的領域。目前在德國，只有百分之十五的醫療院所擁有安寧緩和部門，平均每一百萬名德國居民，僅能分得四十張安寧緩和病床，實際的需求卻大約是這個數目的兩倍。在廣大的農村地區，更是完全缺乏這方面的機構，更糟的是，就連有能力照顧臨終者的在地醫生也都十分缺乏。事實上，並非所有的家庭醫生都具備安寧緩和醫療的能力，許多普通科醫師也無法提供這方面的支援，因為他們必須照顧許多病人，幾乎沒有時間從事這方面的進修。至今為止，在三十六萬五千多位執業醫師中，僅有大約一萬多人，完成了安寧緩和醫療的補充培訓，僅有大約兩萬多名護理人員，從事過安寧緩和照護的進修。這樣的數量，遠遠不夠。

我們面臨到了相當嚴峻的培訓問題，以及更嚴峻的進修問題。因此，我們不能坐等那些有抱負的醫師決定投身安寧緩和醫療的行列，我們所需要的是一張由普通科醫師所構成的可靠網絡，他們可以普及各個家庭，為有需要的臨終者提供安寧緩和醫療照顧。有一位能夠陪伴全家人的醫師，無論是對幼兒、還是對年老體衰、甚至失智的祖父母，都是一大福音。聰明的醫師不僅熟悉醫療體系，也會熟悉患者，他們能夠確保在需要醫療與照護之處，都能獲得相應的幫助。

我希望，關於臨終這項議題的公開辯論，能夠幫助安寧緩和醫療的發展一帆風順。**人性尊嚴是不可侵犯的，這點同樣也適用於臨終者。如若沒有安寧緩和醫療，我們難以保障這樣的尊嚴**。目前我們正在進行的這場爭議將會是個開始，將會提升「如何與老弱或臨終的人及其家屬相處」這個問題的重要性。政策只能創造出一些框架，這點從二〇一五年年底所通過的《臨終關懷暨安寧緩和照護法》便可看出。這是一個開始、一個支柱，僅此而已。我們很清楚，光靠通過的法令遠遠不夠。不過，令人高興的是，在臨終關懷醫院裡居住，不再只是私人事務，而可以申請照護保險的支付。但這項法令卻還是無法保證，在醫院、療養院或自宅裡的臨終者都能普遍獲得照顧。當務之急就是，在安寧緩和醫療的**培訓**與**進修**再多加把勁。

逃避不是解藥——學習負責

我們有個文明社會的漏洞亟待填補。為此不僅需要專業人員，更需要我們每個人參與其中。賦予臨終者一個沒有恐懼、沒有痛苦、充滿人道關懷的空間，我認為，這或許是在一個團結的文明社會的鄰里關係中，所發生的某種質的進步。讓我們開誠佈公地說：唯有當我們為自己周遭的人做這樣的事，周遭的人才會為我們做同樣的事。格羅納麥爾曾說：「但這存在著人生的終點被有償服務給淹沒的風險。」將臨終這件事轉讓給市場、轉讓給供應商，這並不是什麼解決問題的好辦法，關於這點，我們心知肚明。我們只是希望自己不必去碰觸那些事情，但逃避卻也不是解藥。

除了臨終以外，在人的一生當中也會一再遭遇某些會讓我們沮喪、沉淪、完全絕望、不知何去何從的情況。因此，我盼望每個人都不要單獨地糾結在自己的困境裡，應該去尋找那個我們能向對方敞開心胸，且對方也能夠傾聽我們的人，或是去找也許能用藥物幫助我們的醫生。我盼望不僅老年人與臨終者都能如此，那些絕望、不知所措的年輕人也能如此。

「讓我們再談一談，讓我們再休息一會兒，讓我們一起尋找解答。」雖然這聽起來有點平庸，但這就是生存現實。我之所以活著，並不是因為我單獨與自己取得了共識，我之所以活著是因為自身與他人取得了聯繫，並從他人那裡得到回饋，這是我們賴以生存的基礎。我們並非獨行俠，孤獨地走在這個世界，無論在我們的左右發生了什麼事，我們全都無所謂。相反地，無論在什麼樣的年紀、無論面臨了什麼樣的困境，我們大家所賴以為生的都是自身有個能與我們交流的對象。沒有他人，我們無從體認自己。在艱困的、威脅到生存的情況裡，或是到了人生的盡頭，這點會比在一般的日常生活中更為重要。

我希望，我們每個人都能為他人的臨終負責。我希望，我們不要去逃避它們。我希望，我們不要去掩飾或隱藏臨終這件事，而是將臨終這件事融入到我們的生活中。

我想用一個與臨終完全無關的例子，試著去說明一下我的想法。在我們的社區附近，有個收容非洲、敘利亞及阿富汗難民的收容所。太太與我會和其他的志工一起去幫忙，如今我們已經培養出了互信的基礎。大人們願意向我們透露越來越多他們的逃難過程或過往生活的事，有兩個小孩也喜歡和我們湊在一起，他們會和我們一起玩耍，或是安靜地待在一旁寫作業。我曾在暑假的時候和我太太去那裡值班，有時我們會帶小朋友們一起去游泳，在上完半小時的游泳課後，我會和小朋友們在水裡多待一會兒，和他們一起玩玩水、打打水仗。最後我會游到深水區，鼓勵他們自己試著從池邊跳進游泳池。在經過了十天的游泳課程後，他們就敢從池邊跳入水裡，然後朝著我游過來。他們只是一群稍微學過一點游泳技巧的孩子，他們所給予我的信任，讓我感到很幸福。幾乎不認識且語言不通的人，居然能夠彼此信賴與融合到這樣的地步，這令我十分感動。

沒錯，以上的例子的確與臨終和死亡無關，這裡講的只不過是跳入深水池，但這兩方面卻同樣都涉及到了**克服恐懼**、**信賴他人**、**不要互相置對方於不顧**、**共同克服某種困境**。我們一輩子或多或少都要依賴他人，都要和他人協力完成那些我們無法單獨完成的事，無論是在工作上、在養育子女上、在運動上，或是在社區的事務上，我們都得仰賴某種團隊合作。

齊心協力我們可以達成很多事情。如果陌生人都可以是我們的某種幫助，如果同事在工作上都可以和我們如此親密，那麼我們理應認為家屬同樣也能在生死攸關時相互支持。當然，像學習游泳這種有助於生存的事，是難以和像必須一死這麼痛苦的事情相比。不過，有一點我倒是敢肯定，那就是只要我們相互扶持，不管是什麼事都能更加圓滿。

死亡沒有等差，是絕對的虛無。然而，臨終還是屬於生命的一部分，它是因人而異的，身為臨終者的我以及在我周遭的其他人，都能對它發揮影響！也許我的身體疼痛不堪，也許我只能困難地吞嚥，也許我有著呼吸困難和恐懼，但我還活著。這代表著我需要幫助；但這也代表著我還在奮鬥。我不想被剝奪掉這樣的機會。我不希望聽到有人說：「可是這種狀態再也沒有活下去的價值！」我是否還想在一個這樣的狀態裡活下去，這得由我獨自來決定，而不是由別人。

如果我想在嚴格受限的條件下繼續活下去，我就需要，我們每個人也就需要有個可靠的人在身邊，這個人會說：「讓我們來瞧瞧，我們現在還能做些什麼。」我們需要有個人來幫助我們，在走向人生終點的過程中，還能保有盡可能完善的生活品質。這份工作必須由一個與我們親近的人來擔負。醫師可以為我們施藥、可以為我們裝設氧氣設備，可是關注我們，關注我們過得如何、我們是否能夠過得更好，這些事情卻只能由與我們關係親近的人來負責。

我在年輕的時候曾於暑假期間去伯特利基金會當志工。我們家的每個男孩，在高中畢業考之前，都必須參與照護工作一段時間；我父親認為這十分重要。學生的暑假也是一般人常休假的日子，因此我和我兄弟們的勞動力，此時可說是彌足珍貴。我們必須去照顧一些像寶寶一樣無助的男性。

有一晚我被分配去照看一位曾是律師的酒鬼，他嚴重到有震顫性譫妄（delirium tremens）。他的來日無多，無親無故。於是，當時的我，一個十七歲的小男生，就陪在他的身邊。那一夜，至今我都難以忘懷。他滔滔不絕地說了一整夜，彷彿在播放記錄片似地將自己的整部人生鉅細靡遺地說了一遍。他對我訴說了他的生活、他的原生家庭、他的少男時代，以及關於戰爭和他的家庭的事情。那一夜對我來說是個刺耳的經歷，因為我原本預期自己所要照顧的會是個靜靜安睡的人；至少這是當時我對臨終的想像。可是我面前的那位先生卻是極度亢奮，當時的他其實已離死亡不遠了。某些時刻就宛如在佈滿烏雲的天空中劃破了一道小缺口，能夠見到烏雲之上的朗朗青天。就這樣，那位病入膏肓、精神有些錯亂的酒鬼不停地講述著自己的人生，當時我覺得自己有夠倒楣，怎麼會惹上這麼個麻煩。當時還只是個年輕小伙子的我，到底該和這位臨終者說什麼呢？我能夠給他什麼建議、還是給他什麼當頭棒喝？

時至今日，我明白那些根本不是重點，他其實只是需要一個能聽他把自己想傾訴的一切說出來的對象，他只需要有個人在他身邊，這時我們不能逃開，我們不能說：「我受夠了，現在我要躺下來睡覺！」我們必須讓他暢所欲言。他講個不停，發自內心地講述自己的人生故事。當時我隱約感覺到他似乎正以這樣的方式放下重負、減輕痛苦、獲得救贖。到了大約清晨時分，他整個人平靜了下來，沒過多久他就離開了人世。

能夠再撐這麼一小段，這一小段也是屬於人生。我不能對一個譫妄的人在他臨死前譴責他的酒癮，這太荒謬了。那裡有個人要死了，我必須承受他的真實面目，臨終陪伴的意思不是去觀望苦難。**臨終陪伴的意思是去靠近臨終者，坦率地去面對臨終者可能還有的表達、手勢或願望，並且賦予臨終者親密、諒解和不會被棄置不顧的感覺。這是我們每個人都該做的事，而不是某個醫師或某個護理師的職責。**他們可以肩負起醫療照顧的責任，人與人之間的關懷，我們每個人都責無旁貸。我們自己想必也希望有人能為我們這麼做。

唯有在親朋好友、護理師、臨終關懷協助者與醫師的通力合作下，才有可能實現富有尊嚴與悲憫的臨終。醫師會緩解我的痛苦，護理師會清潔我的背，臨終關懷協助者或是我的親朋好友則會握著我的手、傾聽我想說的話；他們會給予我們，我希望在我們每個人必須離開人世時都能得到的關懷。

我相信，與臨終者建立互信是一種特別強烈的共存形式，要把某個陷於最終困境裡的他人，當成某個想要被陪伴、幫助與扶持的人加以接納。德國前聯邦總統約翰尼斯．勞（Johannes Rau）是非常虔誠的教徒，他在晚年時經常對我說，他覺得自己被扶持，他所指的是親愛的上帝。我總是回答他：「如果你能這樣自己告訴自己，這當然是再好不過；不過我自己是做不到這一點就是了。」

然而，我卻不會因此得不到慰藉，我覺得自己確實受到周遭的人們所扶持，那些會說「你過得如何，我們並不會覺得無所謂」的人，那些會說「我們會陪你到最後」的人，那些當我必須離開人世時會窮盡一切可能讓我好走的人。這是我的生存幫助，也是我的死亡幫助。我同樣希望，其他所有的人也都能擁有這樣的幫助。

第六章

陪在臨終者身邊

安奈莉・凱爾

一切都需要時間——不同的時間經驗

「死亡有時也會以友善的方式降臨到老人身上，他們的雙手不能再緊握，他們的雙眼疲憊，他們的聲音只能再說：夠了，這段人生十分美好！」這是前布萊梅市教育市委法蘭克（Walter Franke）於二〇一五年十一月時的訃告。這份訃告富有同理心的支持與沉思，肯定讓人們比較容易接受一場有默契的道別。一般的訃告鮮少會去提到死亡的友善，如果一個人的生命受到了重病威脅，病人及陪伴者都因為把精力耗在與病魔的纏鬥上，以致沒有時間好好地道別，這時訃告多半就會寫道：「奮戰、希望，遺憾的是，終究落敗……」

一切都需要時間。一個生重病的人在萬般痛苦下集中精力的時間，會完全有別於一位能在夜間安睡的老太太。醫師和護理師會停留在某些時間框架裡，往往會讓親友無法好好陪伴患者，為了能為心愛的人多挪出一點道別的空間，親朋好友同樣也得在工作與家庭之間有限的時間預算上掙扎。在對於臨終關懷醫院、安寧緩和中心、居家照護服務或志工的謝詞中，大抵都是強調其對於死者所付出時間、耐心與個人的關懷。

對於無可避免的事情所採取的態度、每個臨終個別所持續的時間、對於死亡當時的狀況的記憶，這些事情的時間度量，截然不同於固定的小時、分、秒，在事關最終道別的情況下，身、心、靈需要不一樣的時間。有時心比身需要更多的時間，有時靈會在思想的洪流中搶在一切之前。在陪伴臨終者的過程中，我們特別能夠察覺到各種界限是多麼地流動與個人。內在與外在的過程會相互交疊，事情的流程會陷於混亂。即使是臨終之時，臨終者依然還是一個活生生、但卻不太有邏輯的生命範例。

德國當代作家柯普（Harald-Alexander Korp）的紀錄就是個鮮明的例子。對於他母親的臨終，他曾寫道：

醫生和護士一臉嚴肅地站在我母親的床邊，她只能淺淺地呼吸，我擔心最糟的事即將發生。突然間，我的母親張開了雙眼，先是疑惑地看著我們，接著開口問：『難道不能將死亡給退回嗎？』她隨即發出了會心的一笑。在被她觸動下，我們也不禁笑了出來。在療養院裡，人們想要擁有什麼，人們就必須訂購，如果人們不想要某些東西，同樣可以退訂。為何偏偏死亡就是不能退呢？她笑著看看我，要我先去幫她拿杯濃咖啡來……在痛苦汪洋裡的一個喘息之島，這座島雖然小，卻極有助益。

從臨終裡重新學習，何謂生而為人

出生於義大利的德國醫學家馬伊歐（Giovanni Maio）指出，「當接受變得比採取行動更為重要」，那麼病人就到了需要安寧緩和醫療與安寧緩和照護的階段，**這時的重點在於陪伴**。為了學著道別，當事人與陪伴者必須提出一些特別的問題：到了生命的終點，一個人如何才能在困境下學著再去接受自己的人生？這時還存在著自主與自決嗎？什麼東西其實早已失去？繼續治療值不值得？延長生命所贏得的時間，對於當事人與其親朋好友各有何意義？對於自己母親的死，法國文豪普魯斯特（Marcel Proust）曾經表示：如果確定能在某處找回自己的母親，他願意立刻結束自己的生命。

來自各地的臨終陪伴經驗大抵有一個共同點：**每個人都是以他自己的方式死去，因為臨終和死亡的多樣正如人生的多樣**。有戰鬥的人與反抗的人，有逆來順受的人與無怨無悔的人，有驕傲的人與謙卑的人，有勇敢的人、虔誠的人與絕望的人。有位女性病患在自己離開人世的前幾天表示：「我發覺解脫或許是重要的，但我失去了通往這個詞的線索。」

我們如何才能變得「聰明」，有誰能夠「教導」我們，當我們陪伴著他人走在臨終的路途上，所關乎的是什麼？當我們自己的人生走到了盡頭，我們該如何體驗，所關乎的是什麼？我們是否會到達一個合適的地方，那裡允許我們拾起對於我們自己與我們的人生的線索？我們究竟是會允許他人陪伴，還是打從心裡就渴望有人陪伴？

在陪伴痛苦、重病、垂死的人的過程中，我們會和他們一起遇見人類存在的本質，對每個人來說，「終須一死」意味著熟悉生命、學著去感受年老體衰、到了生命的終點就逝去。前已提及，生命中的第一次大型道別就是誕生，在分娩中，我們已經明白，道別、成長和轉變，以及在接下來的生命過程中會有多麼痛苦。沒有人知道，直到自己死亡那一刻為止，人生會為他帶來些什麼，哪些問題將獲得解決、哪些問題將懸而未決。

在人生終點處浮現的問題，涉及醫學、心理治療、神學、文化、倫理學，也關乎社會的陪伴環境，以及必須道別的人的個人經歷。這涉及到了坦白、實現與救贖，特別是還涉及到來自於存在狀態改變的直接威脅的體驗，換言之，一個人從過去到現在始終存在，在受到陪伴的臨終過程中依然存在，可是不久之後，就將不復存在。有很多事情必須被學習、重新觀察、重新詮釋。

「生而為人」代表著需要他人幫助，需要依靠他人，在其他的人或陌生的人在場時，也不會為自己的情感感到羞恥，即便有多恐懼會遭受拒絕與排擠，以及失去自主與自決。

「生而為人」代表擔任自己人生的導演與作者，既反抗、又連結種種的管束與他律，培養信任，一再營造小型的人際網絡，除非必要或筋疲力盡，才會再度離開。

「生而為人」代表特別是到了高齡的階段，更加容易受傷，會感到不公平、不受重視，甚或會被輕視。但這也代表對於那些在一旁為了老人家的安康而付出許多心力的親友或專業協助者，會變得苛刻、自以為是、傲慢、霸道、傷人、不知感恩。

遇見臨終者及其親朋好友，遇見他們的命運、他們的生活模式，遇見他們對至今人生的回顧和他們即刻面臨的死亡，這是種人生經驗，它超越了可以領會的東西，凸顯出了隱藏在「逝去與形成」這個永恆法則中的巨大動能。在這當中產生了某種知識，這種知識是講求人道的臨終文化所不能拋棄的。

德國浪漫主義詩人赫塞（Hermann Hesse）曾說：「人就像樹木，創世的聖物。」從他的觀點看來，被動地陪伴臨終者代表那些曉得去和他們說話、並傾聽他們的人，能夠獲知真理，因為他們所述說的是生命的原始法則，所述說的是核心，所述說的是隱藏在每個人身上的思想和火花。當一個人進入臨終階段，陪伴他的人會和他一起進到一個空間裡，這個空間被以某種特殊的方式填滿，但同時卻又是空無一物，它的存在不僅需要特別的警醒、細心，更需要對於會顯現於每位垂死者身上的生命奧祕應有的敬畏。

小瑪莉亞正是這種奧祕的體現，小小年紀，她就已在自己身上體會到了「逝去與形成」的意義。當她認識到自己即將死亡，她便以特別的方式變得「睿智」。

陪她走過臨終過程的創傷暨音樂治療師表示：

我認識瑪莉亞的時候，她才九歲，就罹患了某種先天性的免疫疾病。她極為嬌小且虛弱，甚至虛弱到再也無法走路，不過她卻經常畫畫，有時還會用彎真誠的渴望。有位十一歲的小女生，無論再怎麼嘗試，都無法成功地與自己的父母對話。她知道，自己就快死了，她也知道，自己罹患了愛滋病，雖然別人都不跟她說這些。有一天，她詢問她的陪伴者之一：「如果父母不想提起這些事，你也會和小孩聊聊這些事嗎？」——「是的，就算如此也會。如果小孩想要和我聊聊這些事，我無論如何都會這麼做。如果這不是父母所樂意見到的，反正有時我是事後才知道，有時我是根本就不知道，有時他們也可能會對我很生氣。不過，這時我就會試著去和父母聊聊這些事。」——「你知道嗎，現在我真的很高興。如果你明天還能再過來，就讓我們聊聊這些事。」

這個小女孩同樣也在受到陪伴的臨終過程中，引領我們到了那個空間，在那裡，所關乎的是真實，以及尊重那些必須面對自己的死亡的人。在這個過程中，他們到達了自己的極限，他們最迫切需要的無非就是可以傾聽他們心聲的耳朵。陪伴兒童度過他們的臨終階段，並不是一件簡單的事。不過，我們倒是從一些醫護的或其他的陪伴者那裡得知，當他們體驗到在面對自己的人生終點時，許多兒童是多麼坦率、真誠、勇敢、熱愛生命、為父母著想，許多上了年紀的人卻又是如何地封閉、自私、活得不耐煩，他們不禁感慨萬千。

當死亡走入人生，視野隨之打開

生命之流不斷將我們推向前，不問來處，不問所向，亦無可逆轉。猶太女詩人奧斯蘭德（Rose Ausländer）曾經寫道：「消逝的並未消逝。」每位送葬者都知道，在摯愛的人死去的那一刻，感覺有多麼地矛盾；一切是否就此消逝，或者一切永遠都不該消逝，記憶才能有所憑藉。當死亡走入人生，情況幾乎完全不同。混亂變得更大，嘶吼劃破了沉默，隨即又引發了沉默，心與靈的生命概念崩潰，至今為止的意義似乎全然消散，顛三倒四、亂七八糟。俄國詩人醫師契訶夫（Anton Tschechow）在父親死後斷然寫道：「如果當時我在家的話，或許就不會發生這種事。我不會讓死亡進門！」

我們希望能反擊死亡，所以當臨終和死亡來敲門時，會有多麼地令人震驚與意外。在那之前的每一天，我們安安穩穩地度過，我們經歷過了種種痛苦的道別，體驗到了自己是如何變老。在生命終結前，都還有機會去關注人生的無常，它是我們人生的一部分，即便它多半存在於我們意識的陰影裡。到了終點，人生會呈給我們某種記錄，由此我們可以得知沒有什麼東西可以永遠保持原樣！我們可以看出什麼事情符合期待地順利進行、什麼事情依然毫無進展、什麼問題獲得了解答、什麼問題卻依然列為待辦事項。什麼將成為「遺物」？誰又應該繼承些什麼？心靈的遺產要留在哪裡？沒人要的個人重要物品又要留在哪裡？誰該照顧我們，或是照顧至今我們一直在幫助的那些對象？哪些爭執還有待調停？哪些傷害還等待寬恕？我們還要和誰談些什麼？

「在我的兄弟去世後，我十分清楚所有他再也無法做的事情，我都必須為他完成。」這是某位治療師引述他一位年僅六歲的小患者的話，他清楚地表達出了自己的想法。在他看來，在他自己的人生中，還有很長一段時間要處理這場道別。

有位小女孩在某次的療程裡表示：「有時我會因為我的姊姊死去而痛恨

她。一切都變得和以前不一樣了。她把一切全都搞砸了！」每個家庭成員都有他們自己的哀傷，這份哀傷不僅需要傾聽的認可，或許還需要特別的陪伴。

在與死亡和臨終的相遇中所顯現出的生命與情感的風貌並非是漆黑一片，而是多采多姿、意外驚人的。在臨終的過程中，人類的生命會在各種色彩、色調、情感狀態與思考模式裡顯現出來，待一切瓦解，就再也沒有什麼好失去。當死亡成真，空間中便會產生各種截然不同的反應，驚嚇、哭泣、發楞、絕望、埋怨、悲傷，有時也會有歡笑、感恩、謙卑，那正是救贖、解脫或安慰的感覺。

美國的報紙曾經報導在前美國總統甘迺迪（John Fitzgerald Kennedy）遇刺後，當他的兒子小甘迺迪（John Fitzgerald Kennedy Jr.）返回白宮時，遇到了他父親生前的女祕書，他看著她並且問她：「我爸爸什麼時候才會回來？」

格羅爾曼（Earl A. Grollman）曾在他所著的《與兒童談論死亡》（*Mit Kin-*

dern über den Tod sprechen）一書中，提到一位丈夫剛在車禍中喪生的女士，她如何能將這個可怕的消息告訴給年僅四歲的女兒？她說：「爸爸要出門旅行很長一段時間！」小女孩聽了之後很生氣，完全沒有受到安撫，而是極度失望地大叫：「為什麼他沒有跟我說再見！」

小孩需要明白所發生的事情，藉以形成與現實相符的想像。有時他們會幻想出某個世界，想像他們所愛的人去了那個世界，藉以和他們一起歌唱或聊天。

有關當局不太清楚這種帶有安慰色彩的幻想世界。舉例來說：非洲裔的女天主教徒金廷巴，希望以家鄉的習俗來安葬，只不過地點在德國西部大城亞琛。整個家族的人都會打鼓吹號地跟著送葬隊伍將老太太送到墳地，親朋好友唱歌的唱歌、跳舞的跳舞、歡笑的歡笑，他們全都為死者脫離自己的苦痛、去到一個更好的世界感到高興。像這樣的葬禮，在亞琛的墓園裡還真是前所未見，市府的主管機關居然以違反地方殯葬規則開罰，司法當局為開罰處分所找的理由則是：「擊鼓伴奏來送葬，並未以安寧的形式，而是以跳舞的方式來完成出殯，在此過程中，棺材被數度高拋。」順道一提，當棺材隨著音樂被高拋，它也一再被送葬的人給接住。

道別的恐懼及後果

對於那些健康的老人，那些依然生龍活虎、享受著餘生、無憂無慮、能自己照顧自己或能得到妥善照顧的長者，死亡並不是他們所害怕的。在他們看來，自己可能遇上的最糟的事情是變得年老體衰、需要照護，屆時自己將無法獨立自主，必須仰賴他人的幫助。非僅為了逃避不能自主的境地，更為了能夠避免陷入某種必須依賴妥善醫療「照顧」的人生，而對藉由「協助自殺」所促成的自主死亡這項議題，興起了熱烈的辯論。

僅有少數的老年人積極支持「協助自殺」，大多數的老年人或高齡者覺得自己相形之下維持了較長久的健康狀態，不過他們卻也同時必須去對抗日漸耗損與退化的現象，諸如聽力、視力、活動力與記憶力的減退，還有牙齒的脫落等等，然而，能走到了人生的盡頭才是最重要的，問題並不在於自殺或能否自己決定死亡時點。他們所在意的是餘生的生活品質，在上了年紀、有了豐富的人生經驗之後，**他們想要繼續主導自己的晚年，想要勇敢地面對自己最終的道別，想要繼續生活，想要維護自己的尊嚴，想要爭取盡可能多的自決與共決。**

大多數的老年人都希望能夠獨立於必要的照護與照顧，將自己的人生掌握在自己的手上。是以對於那些無家可歸卻需要照護的人，那些或多或少早已忘了一般的居住是怎麼一回事的人，要他們住進療養院簡直是難以想像的事，因為在那裡相對於其他的老年人，他們更容易覺得自己缺乏容身之處，更容易感到不受歡迎或遭到排擠。由於害怕在某個機構中喪失自己的自主性，他們寧可一直到死都活在街頭。

健康無病痛、年齡與經驗同增、做個自主且幸福的銀髮族，這是人人都愛聽的老年成功故事，是為那些印刷精美的廣告所寫的文案。一個年逾九旬還親像一尾活龍的男人，沒有鮪魚肚，也沒有失智症，結過四次婚，不僅自在、瀟灑地過一生，而且至今還能跑完馬拉松全程，這並非只是被當成「生物學的奇蹟」，更被當成對每個人都是現實可能來宣傳。

對於大多數的老年人，這無非是一種會引發恐慌的苛求。某位高齡女士在紐約的路燈旁劈腿的照片，成了許多女性的聖像。在這樣的「英雄人物」面前，如果一個人「只有」八十幾歲，連出門散個步都有困難，應付日常生活裡的一些瑣事都覺得是場小災難，相較於自主更希望獲得幫助，這樣的衰弱讓他不得不質疑自己到底做錯了什麼。為何年老對他來說就是無止盡的體弱多病，就像一個盜走自主與自決的可惡小偷？人們往往抱怨自己的年老多過對它表示歡迎！

憑藉相應的資源、細心的生活方式、醫療的輔助，再加上一點幸運，如今人們普遍活得更久，也比較會去打理自己的日常生活。平均餘命不斷延長，日常生存的風險卻仍清晰可見。今日的醫學已經進步到就連像是心肌梗塞、癌症、呼吸道疾病或中風等重症，都能讓患者在接受治療下不至於立即身亡，甚至在接受治療後，還能再繼續過上很長一段時間品質不錯的生活。不過，更長的壽命，對於許多罹患慢性病的人來說，卻也意味著離不開幫助需求和依賴；這則是被壓抑了的事實的另一面。

崩壞可以被延緩，衰退過程可以被延長，倦怠可以被「消除」，如果想要的話，脂肪和皺紋也都可以被清除。戰歌高唱著「一路身體健康、充滿活力地活到上百歲！」醫療保險公司為百歲人瑞支付大筆金錢，地方政府則是為了花束的遞送，耗盡了經費與人員！人們在中年時就已開始擔心自然的老化過程，擔心更年期的現象，擔心各種可見的後果。忘東忘西的人會覺得自己罹患了失智症，常態會升高成妄想。在醫學進步勢不可擋的情況下，在堅持會有可替換的「零件」、會有可解決所有問題的藥丸的信念下，富裕的文明社會裡的人們掀起了一場對抗老化現象的戰爭。

人生最重要之事莫過於健康！生命本身在統計數字裡失去光彩，關於脆弱性和有限性的記憶，失去了它們在人類的意識中所扮演具有建設性的角色，因為人們普遍對於每個人都會發生、遲早都會遇到的那些事情沉默不語。除了在新聞節目、電影和書本裡以外，年老體衰、臨終和死亡這些議題，直到自己或親朋好友涉及到它們之前，它們在日常生活中完全沒有一席之地。不過，到了此時，良好的建議就得付出高昂的代價！

葬儀社的電話號碼只存在分類電話簿中，而那些關於與重病或臨終的人相處的具體知識或生活實際經驗盡皆褪色，喪鐘總是為他人響起，人們早就決定自己無論如何都要待在家裡，在最親密的家庭成員環顧下受到照護，走完最後的人生路途，無論這樣的願望再怎麼不切實際。許多人在長大之後，才第一次親眼見到死者或親身與某位臨終者進行接觸。在加護病房、老人院、療養院、鄰里社區和家庭裡，普遍都流行著自我加諸的言論與思想箝制。盡可能不要有一絲一毫會促使我們聯想到身體虛弱、需要幫助以及死亡，然而，在任何時刻、地點、無論在怎樣的年紀，即使是在我們這個醫學發達的世界裡，生老病死隨時都可能在轉角急轉彎，突然出現在我們的面前。

時至今日，人們還是寧可事先簽下某些患者同意書，藉此讓自己保有某種自主和預防萬一的感覺，讓可以信賴的人在情況緊急下保有採取行動的空間，也不願敞開心胸去和家人或朋友談一談，也不願意去事先了解一下老年時的居住方式和相關的法律規定、陪伴的形式與陪伴的人員，以及臨終關懷工作和鄰里間的扶助。死亡被確定，特定的措施被預定，其餘的則被斷然拒絕。

然而，能讓這樣的同意或指令發揮作用的，並非那些證書，而是自己饒富意義的準備，特別是得要仰賴那些熟悉的、緊急時找得到人的同伴，才能讓臨終不那麼令人絕望地嵌入某種人與人相互陪伴的文化。同樣地，唯有當安寧緩和醫療在面對臨終和死亡上決定採取必要的觀點改變，特別是當我們能共同促成安寧緩和醫師波拉席歐（Gian Domenico Borasio）所要求的對話與「傾聽的醫學」，這樣的同意或指令也才有意義。

諸如充滿缺陷的醫病溝通、浪費資源的過度診斷、過度治療，還有嚴重短缺的安寧緩和與照護的服務，都是對於在人生的終點上達到真正自主的阻礙。**若想排除這些阻礙，我們就必須下定決心，徹底打破不去談論臨終和死亡、不去學習活著道別的禁忌。**

人們可以更長久、更健康、更自主地過活，這不啻是一件幸事，這當然也要感謝醫學與保健的進步。然而，人生節奏裡的「前進之路」包含了自然的「倒退之路」，這項知識卻逐漸被人刻意排除。年老體衰和死亡或多或少都被簡化成某種人們能利用藥物、手術和儀器來解決的醫學問題，直到嚥下最後一口氣，醫學都能加以處理。然而，更為重要的其實是去認清到了人生的盡頭，所關乎的只是一種狀態，在這種狀態裡，人們除了需要少許的醫療，還需要更多量身打造的照顧與幫助，它們有助於人生的品質，得以讓一個人的生命盡可能始終如一地充實且富有意義。**不要孤獨、少點痛苦、保持對話，這些都是在接近與抵達人生終點時最重要的事。**

「我不要獨自離去」

在一百五十多年前，出生於波羅的海的德裔詩人豪斯曼（Julie Hausmann）以聖歌《就牽我的手，引領我》（*So nimm denn meine Hände und führe mich*），傳達出許多人在接近自己人生終點時那種特殊的道別情愁。疲憊、恐懼、悲傷往往與堅信混在一起，將尋求幫助與請求引導結合起來。並非只有信徒才會希望一切都能有個美好的結局，人們向來會將受到威脅的經驗與請求幫助和陪伴連結起來。信徒呼喊神明，新生兒呼喊母親，病人請求醫生的幫助，難民希望獲得庇護。在那首聖歌裡，臨終者在虔信上帝下請求祂的引導和護送直到安息的終點，一名臨終的父親請求他的兒子，一位女性請求她的醫師，一個臨終的孩子請求護士，請求他們的陪伴，請求能握著一隻手，讓他們一路好走。

「我不要獨自離去，一步也不能！」臨終者希望與這個世界保持連結、獲得陪伴，幾乎所有的人到了人生終點，都會想以某種方式繼續被聽見，他們希望不要孤獨地離去，並且萬一自己害怕發抖時，能夠觸碰到可以給予他們支持的手。他們希望能夠感受到憐憫、寬恕與接納，藉此平靜地離開這個世界，歸於安息，從容地接受一切可能發生的事。

今日的陪伴者將是明日的臨終者

某些臨終者非常年輕，或是正處於日正當中的階段，還有另一些人則是年事已高，但卻不曾想過人生的終結。他們或是在家裡、或是在醫院、或是在療養院、或是在臨終關懷醫院、或是無家可歸地在街頭上走向死亡。他們或是孤單離開、或是受到親屬、朋友、鄰居和巡迴服務人員的陪伴、或是想要自主、或是不想和任何事情有所牽連、或是只想單純地吐露自己的心事。某些人會因為身染重病，而難以好好地道別，病情耗費了他們太多的精力，以致根本沒有什麼餘力可以去學習臨終。

如同臨終有多種面貌，臨終陪伴的工作同樣也是十分多樣。**只要人們願意談論臨終，願意學習在活著的時候好好道別，不要孤獨、少點痛苦、保持對話，這便是臨終陪伴的中心思想與支柱。**

在一封寫給教區教會的信中，某位臨終關懷協助者講述了一件圓滿的臨終陪伴工作：

數年前，有人請我去拜訪一位癌末老先生。他獨居，太太已經去世，唯一的兒子很少來看他，因為老先生不喜歡他的媳婦。白天會有私人看護來照顧他，我通常都是下午才去看他，一待就是幾個小時。他是個很難親近的老人，封閉、愁眉苦臉。我知道對於病患來說，要讓一個陌生人待在自己床邊，著實不是件簡單的事。因此，我決定小心翼翼地陪伴他，多花一點時間，設法與他培養親切感。我通常會帶本書過去，因為他大部分的時間都在睡。但之後他就說他不喜歡我在那裡閱讀。於是我便把書擱在一旁，把手放在膝蓋上，但他也不喜歡這樣。接著我就提議不然下回我帶些手工來這裡做好了。經過他同意後，我就改在他的床邊打毛線。他覺得這樣很好，因為我讓他想起了他的母親。我才因此找到了與他溝通的渠道，他逐漸開始會對我談起自己的人生。

有一天，我所帶去的毛線織完了，我脫口而出：「我不能再織了，線用完了。」他隨即回說：「我的線也用完了，我人生的線！」接著他開始提起他媳婦的事，他覺得自己很愧疚，因為自己並沒有善待她，但如今說這些已經太遲了。他的哀痛觸動了我，於是我問他是否同意，讓我找個機會和他的孩子談談，他點了點頭。他的孩子其實對父親的示意期盼已久，只不過他們都沒有料到居然還能有此機會，他們毫不遲疑地立刻趕來探視父親，雙方敞開心胸坦誠地交談了一番，從此言歸於好。遺憾的是，這位老先生沒能再多活些時日，不過至少他最終得以平靜、安詳地走。

陪伴與照顧臨終者的重點在於維持甚或改善他們的生活品質，給予陪伴的親朋好友支持，因為他們往往必須去面對，伴隨著某種危及生命的疾病而來的種種特殊問題。

安寧緩和醫療、安寧緩和照護、心理健康服務和臨終關懷工作在預防與減輕痛苦上，應當根據任務配置，分別提供專業協助。陪伴者應該提早看清「事態」，對身、心、靈各方面的痛苦與其他不適進行評估和處理。相應地，在安寧緩和照護的體系裡，或是在對臨終者及其家屬的照顧中，都關係到了情感、資訊、社會及物質等方面的支持。其中也牽涉到了，在自我評估與適當的自我評價方面的協助。除了敬意、尊重與治療方針的開放，這其中還包括了提供財務與實際的援助、接觸、交流、對話或消遣等方面的意願，**最重要的是必須去照顧到臨終者的基本需求、情感、擔憂和恐懼**，包括在臨終的過程中不被棄置不顧、身體不必承受強烈的痛苦和不適、與他人共同規劃「最後的一程」，以及能夠根據需求去討論關於意義或「死後」的問題。

一旦我們了解到在時日無多的情況下，臨終者除了醫療上的陪伴以外，還會想釐清與解決多少事情，這往往會令人震驚不已。講求人道的臨終文化所需要的不僅僅是妥善的葬禮，而是系統與執行者的能力，能夠以人為本、與人同在，能夠去順應當事人不同的需求、生活情況和擔憂。例如擔憂身體與心靈的痛苦，擔憂失去摯愛的人，擔憂遺屬的未來，擔憂孤獨、屈辱、排擠與孤立，擔憂失去財物，擔憂懲罰與攻擊，擔憂成為他人的負擔，或是擔憂至今為止所活過的人生、所完成的事業終究是一場空。

除了專業的協助以外，還需要各種關懷，例如有人去講故事、朗讀、唱歌、演奏音樂、烹調心愛的食物、帶來寵物陪伴、變魔術、講笑話、知道如何化解尷尬等等。我們需要能夠為思想與情感搭建橋梁的人，需要能夠欣賞的人，需要能夠被動、能夠陪在一旁聆聽的人，需要能夠聊聊自己的信仰的人，需要能夠促成意義的人，需要特別能夠了解「自己也會遇到臨終這件事，而每一次的臨終陪伴都能讓自己更添智慧」的人。

協助者的社會網絡如何運作

心愛的人能夠待在自己身邊，這對大多數的人來說都至關重要，然而如果這些人已經自身難保，不僅可能成為臨終者的負擔，自己更需要有人扶持及陪伴。對於醫療、心理、社會、法律、心靈療癒與財務等各方面不同的幫助，如今基本上已或多或少都有固定的程序，也有許多可資運用的專業人士，只不過，要將之加以組織與合作並非易事。概觀安寧緩和照顧的援助系統，便可以看出這個網絡有多複雜。讀者不妨檢視一下自己的人際關係網絡，思考自己該如何去探聽資訊或主動參與，藉以對自己的臨終預作準備。

曾有位臨終關懷醫院的住戶笑著對自己的親屬說：「你們有發現嗎？我正在把你們培訓成遺屬。」這凸顯出臨終陪伴在方方面面都需要良好的資訊與不斷的反思：安寧緩和照顧系統是如何組成的呢？誰能提供幫助？當事人與家屬如何在這個幫助網絡中找出頭緒？

「家庭」是這個網絡的一環，就歷史發展而言，它從由許多親屬共同組成的多世代大家族，發展成僅由少數家屬組成的小家庭。除了配偶與年幼子女以外，兄弟姊妹與其他的家庭成員，日後還包括長大成人的子女，他們和原生家庭多半不住在一起，因此平日的往來也無法太密切。相隔越遠，舟車往返就越累人，生活的世界越陌生，差距與各奔天涯的感覺就越強烈。

對於老人家來說，從距離去理解現代家庭特別的結構、動力、衝突地帶（從單親家庭的女兒，到同性婚姻中的兒子，從源自兩段或多段婚姻的孫子，到鰥夫或寡婦），從中得到自己所希望的或可能獲得的幫助，這並不是一件容易的事。並且陪伴者常常會不曉得，到底該做些什麼才好。社會與政策雖然一再強調親屬系統的重要性，卻未能給予足夠的支持和協助。來自家庭內部的幫助，並非理所當然，若沒有妥善規劃，往往會產生衝突，而且也可能不是臨終者所希望的陪伴方式。**學習活著道別代表在伴侶關係、家庭或親密的朋友**

圈裡的每個人，都得學著去談論彼此的願望、期待、擔憂，以及所需要的幫助。

對於那些至今為止在困難的人生危機中無法仰賴親屬援助的人，還有那些到了人生的終點在特殊的情況下需要情感與實際方面的幫助的人，「朋友的網絡」舉足輕重。日常生活圈中的朋友、鄰居、同事有時會出乎當事人意料之外地接手某些小任務，並提供實際的協助，例如給予建議、陪伴，以及充當照顧問題方面的諮商人員，更能充當不在場的家屬。他們會幫忙照料住家、寵物，幫忙遷入臨終關懷醫院，或是幫忙購買墓地。

友誼必須被經營，朋友必須被知會，若有必要更必須授予全權代理。不論鄰居和同事都應該知道有人指望並需要他們的幫助。**講求人道的臨終文化需要眾人提前利用各種機會去加以練習和熟悉，才能確實發揮作用。**

位居公共安寧緩和照顧服務核心的是由「專業的協助者所組成的團隊」，他們的能力與同理心、合作與溝通，對於以患者與主體性為導向臨終陪伴具有特殊的重要性。家庭與專業醫師、住院的與居家的照護服務、設有腫瘤部門的醫院、加護病房與安寧緩和病房、疼痛門診、老人院與療養院、臨終關懷醫院、社會工作、心理諮商、司法機關與倫理委員會、教會、心靈療癒、殯葬業各有各的職責、性質與定位，同屬於安寧緩和服務的一環，都能為講求人道的臨終文化做出貢獻。在這當中，政治、社會、志工與公民參與必須「齊頭並進」、通力合作。

由於我們自己終究會走到臨終或死亡的階段，因此每個人都應該去了解，我們身邊的專業輔助系統的具體面貌，以及我們是否熟悉哪位醫生、哪家醫院、生活週遭有什麼樣居家的照護服務或臨終關懷服務、住院的照護機構，以及有哪些殯葬業者？還有，最重要的，我們會做出什麼樣的選擇？

「臨終關懷運動」的參與人數超過十萬，這些志工帶有高度的責任心、強烈的同理心與自我省思，投身於安寧緩和照顧的行列，對臨終者及其家屬來說都極為重要。在臨終陪伴的過程中扶持他人、直到最終支持他們的生存意願與他們的人生，這些既定目標正是在對抗「冷漠的全球化」與「臨終和死亡的禁忌化」為人類社會所帶來的威脅。

陌生的人往往更有機會去贏得臨終者的信任、去釐清事態與困境、去化解相對無言，或是去為重要的決定做準備，因為他們未曾捲入他們所要幫助的對象的人生故事與感情衝突。志工的拜訪如同精神食糧，他們可以說自己的故事，或是聆聽臨終者說說自己想說的話，可以朗讀書本，可以一起聽聽廣播、看看電視，可以翻閱舊相本，可以一起去散散步，也可以保持沉默，在一旁靜靜守護疲憊的臨終者。

如要面對人生的終點以及保障生活的品質，來自「健保與社會系統的支持與幫助」可說是不可或缺。我相信所有在龐大的公共與私人專業臨終輔助網絡裡的參與者，都會確實竭盡所能地提供自己所誓言的「最佳」服務。不過，種種想法和概念的問題並非只在於如何獲得財源，而需要去衡量並面對健保系統裡其他領域的比較。

當醫療保險公司、保險公司、慈善團體、自助團體、雇主、家屬團體為了安寧緩和照顧的資金來源與結構、服務規格、權利與配額彼此較勁之時。我們也該關心員工可否為了照顧家屬放假或請假？傷病保險與照護保險的給付範圍各是什麼？誰能幫助當事人了解與進行那些複雜的申請程序？以及在我們必須提出申請前，我們該先知道些什麼、並且可以向誰諮詢？

到了無可避免的終點，重要的是……

在發展以家庭成員個人為中心的、講求人道的臨終文化時，**社會**與**文化**又扮演了什麼樣的角色？種種相關的問題時常引發爭議，例如應該如何陪伴臨終者？商業導向的協助自殺服務，對於那些虛弱到無法自力更生或覺得自己淪為他人負擔的人，代表著什麼？應該在協助自殺上賦予醫師什麼樣的權利？這些爭論大抵顯示出安樂死與臨終陪伴、安寧緩和醫療與臨終關懷、生活扶助、陪伴，以及對於保護和安全的需求，社會、文化與道德正面臨著什麼樣的挑戰。

在這些爭論中，我們同樣也看到臨終者的生活品質問題，這攸關自主的喪失及人性尊嚴的維護。在上了年紀、接近人生終點之時，個人的自由會大為受到威脅，平等與至今為止受到的接納感瀕臨破產。正常地參與社會與文化生活變得不再理所當然，變成尚能保有所有自主資源的一種恩賜。

針對一種嶄新且差異化的照顧文化、針對在照護的日常生活中方方面面的尊嚴維護、針對有能力的與充分體諒的陪伴、針對對於當事人、家屬及照護人員所施予的攻擊和暴力的禁忌化、針對以同情和尊重的態度去對待有照護需求與臨終的人，這個社會終於開始了批判性的討論。這樣的討論是一種講求人道的臨終文化的重要前提。

當一個人走到了無可避免的人生終點，最渴望的無非就是能夠得到尊嚴、自主和關懷，因此我們需要能包含許多層次的人道文化，這當中也包含保證醫療與照護的照顧。而所有跨專業志工也會一再受到臨終者、醫療團隊與其他陪伴者主觀的挑戰，因此必須隨時因應、調整與改變。

基本需求為我們指路

人們從來無法預測在自己的人生中會有什麼事情找上自己，什麼事情重要、什麼事情不太重要、什麼事情到了最後又會被當成最根本的加以強調。不過，當我們越來越接近人生的終點，也會越來越清楚道別的痛苦，越來越明白將要失去些什麼。至今為止處於生活重心的一切，連同對於生命的熱愛，還有支持我們度過某些危機的人生目標。像是摯愛的人、房子與庭院、安全、自我控制、健康的幸福、清楚的腦袋、自主與自決所需的精力，這些臨終者全部都得放手。**只留下不要孤獨、少點痛苦、保持對話的基本需求，這便是指引我們如何去陪伴他們的「路標」，表述出不同方式的支持所需擔負的種種工作。**

在**軀體的照顧與治療**的層次，涉及到生理上的特殊症狀及其痛苦的減輕、身體照護與接觸，以及飲食、新鮮空氣、正確的床鋪設置或是有益休養的窗外美景。

當臨終者必須面對死亡、羞恥、可見的身體衰弱，必須承受對受辱、遭排擠或淪為他人負擔的煩憂，他們會陷入極度的恐慌，因此他們會需要**心靈層面的支持**，這涉及到了對話，也涉及到了幽默、音樂和藝術的療效。

至於完成倒數第一與第二件事、交代某些重要的事務、委任、簽署或審核遺囑或患者同意書，這些則屬於**社會層面的支持**。

對於意義問題採取的開放態度，願意去談論在臨終階段裡的自我反思，教會與其他形式的心靈療癒，這些都是屬於人生與臨終**在精神層面上的支持**。

需要創造力

到了人生的盡頭，健康與病痛、希望與絕望、愛與恨會再次以特別的方式相互交錯。情緒會在感情的三溫暖中不斷變化，有些人會絕望地緊抓住自己剩餘的生命，有些人會請求快點做個了斷，有些人則會聽天由命，順從死亡任性的節奏。帶有不同角色、想法與感受的陪伴者也被納入這個矛盾的過程中，所有的人必須一起面對在個別的臨終過程中所發生的種種出人意料的問題。

協助者必須在外在的組織結構、專業能力或個人修養的脈絡下，與臨終者

進行一場「內在的對話」。在這個過程中，他們也必須認清自己的界限。例如憑藉所有的感官去感知、為自己描繪出一幅事態的圖像、評估願望和阻力、不要貿然評斷、一再與當事人商量、為自己所採取的措施擬定一個計畫、與所有的參與者交換意見、一再地檢驗，所設想的援助措施及執行是否妥適，是否能夠達到所期望的品質。在這種情況下，生命也是一條穿過異地的路，只不過我們是透過好好陪在臨終者身旁，認識臨終者和我們自己。

死亡沒有固定的地點，擁有多樣的面貌，像游牧民族般四處遊蕩，隨意走入每個門戶為所欲為。生命的自然終結無論從哪個層面都無法揣度，其效應更是不可預見，它要求在每個具體的情況中，要有坦然接受所發生的事情的決心，沒有什麼是應許的，很多事情都是可能的。這聽起來或許有點奇怪，但我們需要創意，去做那些可能的，放下那些非必要的。

每位臨終者正如每位生者，都是一個「詭辯的原創」，即雖然所有人一樣都會死，但在個人的臨終上，卻又是一個與其他人有所不同的原創。人生沒有複製品，然而我們卻可以在獨特性中獲得類似的經驗，可以彼此交流、相互學習，可以根據與社會、文化及宗教上的幫助及禮俗的關係，為臨終及其各個階段預作準備。

並非只有西藏、埃及、伊斯蘭或塞爾特的生死書，才致力於這種由經驗和反思所養成的知識。就連其他宗教、哲學、文學與自傳領域的文章，也各自以它們的方式為學習臨終的人生藝術做出貢獻。

針對個人與社會對於重病、臨終和死亡應採取什麼樣的態度，如今有越來越多的省思，更促成了一場關於尋找出路的公開討論，藉此讓盡可能多的人享有一個自主的、更令人欣慰的、具有人性尊嚴的人生終點。這同時也涉及到讓我們共同的擔憂超越有效的醫療，超越國家、教會與大型社福團體，轉變成為所有公民社會的成員共同關心的事物。

作為人道文化的一部分，陪伴重病或臨終的人並不是「行政工作」，並不是要根據固定的規則及制式的流程去管理某人的臨終過程，儘管這其中確實也會牽涉到手續、財務、官僚作風等等的問題，也會牽涉到患者同意書，有時還會牽涉到某些痛苦的決定。

臨終陪伴不是「輓歌」，也不是疲憊的終曲。事實上，臨終陪伴所代表的是在一個鮮明的過程中，譜出一段伴奏的樂章。其中所適用的是具有創造力的原則、分擔的原則、聆聽與被聆聽的原則、照看與被照看的原則，以及有能力公平對待不習慣的事物及陌生人的原則。我們也可以把這些原則想成是「愛的中心」，相較於利益、擔憂與想望，它所關乎的是其他的事情，當一切走到盡頭，它還是會堅持在那些依然必要的事情上。

「因為想吃巧克力冰淇淋，還有看足球轉播」，這是印籍美裔醫師嘉萬德（Atul Gawande）引述某位脊椎長了腫瘤的患者的回答。這位患者被醫師問到，明知可能會導致半身不遂，為何他還想進行風險如此之高的手術？家屬得知後十分震驚，因為他們原本以為患者會有比較嚴肅的答案。

「**人之所以為人，是因為我們能夠彼此交談**。」哲學家雅斯培一語中的。另一個我們應當牢記在心的忠告，則是出自於神學家潘霍華：「**我們必須學著少跟人談論他做與沒做什麼，多跟人談論他遭受了什麼苦難**。」這可以作為講求人道的臨終文化的指導原則，也可以作為志工與專業人員在照顧和陪伴重症患者或臨終者時的中心思想。

第七章

個人化地處理死亡

亨尼・舍夫

傳統儀式

幾年前，我的一位表姊夫過世了。他是菲爾特的農場主人。當時大約有三、四百人出席了他的葬禮，當中有許多人已經先到農場上弔唁過他，因為他的棺材是被停放在農場裡，不是停放在某個殯儀館或教堂的某處。家屬和鄰居在葬禮前也進行了守靈，即使在夜裡也不例外，之後為了舉行一個大型的彌撒，才將死者移靈到教堂。

村民們、射擊協會的人、狩獵社團的人統統到場，在儀式完成後，出殯的隊伍一路浩浩蕩蕩從教堂走到墓園。到了那裡，家屬與牧師圍在墳墓前，在牧師的祝禱中，棺材緩緩地放入了墳墓裡，協會將旗幟垂下，眾位獵人高呼狩獵結束時習慣呼喊的「哈哈利」，其餘的來賓或以脫帽、或以低頭來致意。接著人們一一將沙土或花朵撒在棺材上。家屬不能中途離席，必須待到整個儀式完畢，這也是這種傳統葬禮的一部分。當然，賓客最後必須走向站在墓旁的遺孀，向對方致上哀悼與慰問之意。接下來，幾乎所有人都去到一個大餐廳，家屬、鄰居、射擊協會的弟兄和其他村民全都坐在一起。人們相互私語，遺孀則逐桌向來賓回禮致意，這是個很辛苦的工作。

當時我的表姊相當平靜，其中有部分原因或許是因為她的先生其實已經病了一段時間。她有較久的時間可以去調適自己，面對自己的丈夫將不久於人世的這項事實。宴飲到了後來，也開始不時地響起笑聲，席間並非只是一片肅穆哀戚。待到酒酣耳熱之際，賓客們也跟著講起了一些死者的八卦，我並不覺得這是什麼不得體的言行，人們以這種方式回憶死者，互相交流曾與死者有過的共同經歷。對於生和死的談論相互交錯，擔心的人想要知道死者所屬的農場未來將何去何從，畢竟他的孫子還都年幼，這場傳統的葬禮就在眾人的憂心忡忡中劃下句點。

在城市裡，葬禮的面貌早已不是如此。除非死者是位名人，否則不會有那麼大陣仗的人馬一起出席告別式，火葬在布萊梅已是普遍的習慣，如果有五、六十人前往火葬場參加儀式，就可算是不小的規模。我從不記得自己在布萊梅市裡見過出殯的隊伍，這並非物流可比，每個人必然都曉得自己是如何從教堂或殯儀館去到墓園或火葬場。從墓園起，送葬的隊伍才能尾隨棺材或骨灰罈走到墓地。

我在為我的母親治喪時，曾想在教堂裡舉行告別式，我的父親曾是教會委員，教區裡的許多教友會來參加喪禮，這一點是可以預期的。可是殯葬業者卻對此頗感為難，因為他們根本沒見過大型的教堂喪禮，我們必須徹頭徹尾一指導他們，像是棺材得要停放在教堂的哪裡、教堂諸大的空間該如何妥善佈置、該在哪裡放蠟燭、絲巾和鮮花、如何移靈到教堂、又如何從教堂移靈到墓園等等，這一切殯葬業者全都一無所知。不過，在那些一切都已準備就緒之處，在那些連抬棺者也都清楚知道自己的行徑路線之處，我們還是給了殯葬業者一點沒有硬性規定的小小空間。葬禮同樣也是一件涉及到花費與常規的事，與那位殯葬業者在這個大城市裡籌劃一場傳統的教堂葬禮，著實是件十分辛苦的事。我們都必須練習。

葬禮文化不斷變遷

這種大城裡的發展趨勢，從幾十年前起，也已慢慢擴及到小城市與鄉村。德國馬克斯．普朗克研究所（Max-Planck-Institut）的一項研究指出，相對上屬於小型、私人的葬禮，如今同樣也盛行於農村地區。我們曾經有過的那種全村都來參加告別式的葬禮文化，如今已日益式微。就連葬禮的安排也越來越趨向個人化。直到一九九〇年代，葬禮的流程或多或少還算具有共識，在西德，人們多半是舉行由教士所主持的基督教的土葬儀式，在東德，人們則是舉行由葬禮司儀所主持的社會主義、思想自由的火葬儀式，在那之後總是會有出殯隊伍與餐會。

從公開的、社會的事件，逐漸變成個人的、私人的事件，接著再次分化成要不就是付出許多愛與關懷隆重地舉辦，要不就是盡可能省錢、快速地虛應故事一番，這樣的發展有其來有自。

首先，基督教信仰連同傳統的基督教教會儀式一起失去了凝聚力，這樣的發展其實由來已久。我們也可以從在德北與德東地區，由於天主教信仰的式微，幾乎只剩下骨灰罈葬禮，嗅出一點端倪。直到一九六三年，時人還認為虔誠的天主教徒決不能讓自己被火化；也因此南德地區當時仍然比較盛行土葬。

再者，家庭結構的改變也影響到了葬禮文化。人們不再同住在一個地方，這點對葬禮造成了影響：比方說，如果家中有些人定居國外，也許就不是所有的成員都會出席葬禮。這點也對墳墓的維護造成了影響：如果家裡沒有人住在墳墓的附近，就難以有人就近好好地去維護墳墓。在這種情況下，若不是委託給專業的守墓者，就是選個盡可能無需親自照料的墓園。

最後，工業化也改變了我們的葬禮文化。有別於從前人們會在葬禮的舉辦上盡量符合社會的期待，時至今日，葬禮往往變成會順應死者生前的願望或家屬的要求。

一個人如何被安葬，如今與這個人曾經活出怎樣的人生有強烈的關連。幾乎早已沒有人會像從前那樣聽憑教會去規定，一個人該如何過活、什麼是重要的、什麼則不是重要的。

在基督教的主流文化之旁，啟蒙的文化也冒出頭。其思想對德國社會帶來深遠影響的哲學家康德（Immanuel Kant）明明白白地反對教會的家父長制作風。我總是把康德設想成一個謹慎又有紀律的知識分子，曾經再三地考慮過自己所要面對的人是誰。然而，在這一點上，他卻是明白地反對教會。他曾表示：「我是那個決定什麼對我才是重要的、我該朝哪個方向、我該和誰說些什麼的人，那是我，而非神父或牧師。」

如今我們可以從葬禮儀式中得知，許多與死者及其家屬的生平有關的事，例如，家人們是否做到了共處，直到家中的長輩過世一直讓他們留在家裡。如果是這樣的話，家人們當然也會一起安葬祖父和祖母。我們可以得知一個家庭是否富裕，如果家境不錯的話，就可能會辦一場風風光光的葬禮。如果情況與上述兩者相反，那麼葬禮可能就是廉價且非量身訂作，換言之迅速草草了事，對此，如今在大城市裡更有各種葬禮優惠。

對於改變了的儀式和禮儀，並沒有什麼一言以蔽之的解釋。歷史、文化的習俗、死者個人的經歷，這一切都分別扮演了某種角色。許多人都不想讓專業的殯葬業者來承辦自己的葬禮或摯愛之人的葬禮，對於這些葬禮該如何舉辦，他們自有一套完整的構想：殯葬業者適合嗎？誰要來演講？該說些什麼？訃告上該寫些什麼？該邀請哪些人出席？花圈要使用什麼樣的花？葬禮之後來賓們要去哪裡集合？要招待大家吃點什麼？在餐廳裡誰該發表談話？有許多葬禮並不是在吃吃喝喝中結束，家屬與親友可以各自說出自己想說的話，在各自把話說完後，可以共同起立一起悼念死者。這也可以是一種告別式。

利用個人的道別的機會

我曾為多位與我關係親近、沒有教籍的社會民主黨同志治喪。那是他們的家屬拜託我的，首先我必須去找個適合的場地。有時是在墓園裡的小教堂，有時卻也可能是在一般的民宅裡。我通常都會將座位安排成讓棺材置於中央，出席的賓客則圍繞著死者而坐。接著我會挑選一些適合某場葬禮的工運歌曲，例如德國詩人克勞狄烏斯（Hermann Claudius）的《何時我們齊步向前》（*Wann wir schreiten Seit' an Seit'*）。我會將歌詞分發給來賓，然後我們一起圍著棺材站著，手牽著手，齊聲合唱。為了不要現場只有我一人在發言，我總會試著尋找至少三、四位來賓，請他們也說點什麼。這並不容易，因為大多數的人都羞於在葬禮上講話。

我們也會一起為死者下葬，也就是將棺材抬至墓穴處，放入其中，然後用鐵鍬剷些土覆於其上。還能再為死者做些什麼，這點會令人感到欣慰。殯葬業者兼禮儀師羅特曾經創辦了一家相當知名的殯葬學院，如今他自己也已身故，他生前曾表示：「情緒會召喚作為、召喚行動。」這話說得很有道理。許多人都覺得，可以在葬禮之後做點什麼，像是走到棺材的後方，在墳墓裡放上一朵鮮花，為死者點上一根蠟燭，這能讓自己寬慰不少。為何不可能預期會有三百人來的葬禮不能在家裡舉辦呢？為何葬禮不能在死者生前所住過的地方舉辦呢？人們也可以在一場葬禮中親自參與許多的事。曾經這麼做過的人就曉得，能夠在這麼一個悲傷的場合裡做點什麼，這會令人感到多麼寬慰。

如果我無法在自己所主辦的葬禮上找到其他願意說點什麼的來賓，那麼，在接下來的餐會中，我就會個別地找人聊一聊，例如我的好友費雪的葬禮便是如此。當時我問了七位朋友，看看他們是否能夠說點什麼，可是沒人願意或能夠開口。於是我走向他的小孫女，對她說：「他們都不敢開口，妳能不能幫幫我？請妳站到椅子上，我會在一旁扶著妳。請妳跟我們說說，妳和妳的爺爺曾經一起做過些什麼事。」這位小朋友照著我的請求做了。她的奶奶安妮，亦即未亡人，還有她的爸爸都很高興。

就這樣，原本冰冷的氣氛完全消融，那些先前不敢開口的朋友，也都有勇氣陸續開始發言。所有的顧忌都打破了，這時他們終於可以去說說自己與這位朋友曾經共同經歷過些什麼。聽眾人訴說自己的丈夫如何留存在眾人的回憶裡，這讓遺孀感到十分寬慰。後來她向眾人一一致謝，並且請求他們將自己的故事寫下，好讓她日後可以反覆閱讀。

當時有幾位好友帶了一些與死者的合照來，上頭可以見到他昔日登上吉力馬札羅山與安第斯山的身影；他曾是位登山狂。他們將那些照片收集成冊，成為一份十分美好的禮物。人們通常都會致贈花圈，然而，過了幾個星期，花圈就會凋謝。一份可以讓遺孀帶回家珍藏、隨時翻閱的禮物，可說是極其珍貴。

這是一條記憶之橋，它讓那些美好的回憶依然鮮明地留存。康德曾經說過：「活在其摯愛的人的回憶裡，一個人就不算死，他只是遠去；唯有當一個人被遺忘，他才算死去。」這種活在記憶裡的看法，我們深表認同。**我們想要，藉由死者的死互相關懷，也許更甚於從前，不要放任彼此各自孤單，因為這也是死者的心願**。這不是教會的規定，這點必須由留在人世間的人親自達成，換言之，必須利用這樣的一個機會，去拉近彼此的距離。

葬禮文化的新自由

我認為大可不必用文化悲觀主義的觀點，去看待葬禮文化的個人化。相反地，我們倒是可以透過回顧過往，去回應社會的變遷，可以藉由試著活得像我們的祖父母或曾祖父母那樣來自我救贖。這是一種無奈的表示嗎？不，我希望，不只是在臨終方面，而是在人生方面，我們都能融入當下、融入變遷的條件、融入一個變得日益多采多姿的社會。

從前在南德的村鎮裡，所有居民幾乎清一色全是天主教徒，神父說什麼，他們就做什麼。時至今日，那裡的居民結構也變得複雜。不少新教徒都在二戰末期避居當地的村落。除此以外，村鎮裡也移入了不少穆斯林移工。來自前東德的無神論者，還有追求新信仰的神祕教徒，人數也日益繁多。我不能只因從前這裡只住著天主教徒、只以天主教的方式來舉行葬禮，就援引過往來回應這樣的改變，就把某種主流文化強加在所有的人身上。

我希望，這種整體形勢的改變能同時帶來寬容，其中也包括如何對待過世的人。我希望，人們能夠擁有好奇心，願意去看一看其他的人都是怎麼生活，不光只是在殯葬的事情上，還有在飲食、教養、節慶和學習等事情上，多去和鄰居們互動。我們其實有許許多多的機會可以去嘗試一些新事物。有能力做到這一點的人，就有可能去發現新事物的魅力。如果因為害怕無法招架新事物，只好因循守舊，那將令人感到十分悲哀。

從二〇一五年起，布萊梅已經取消了墓園強制規定。這代表只要家屬遵照死者口頭或書面的意願表達，也能埋葬在墓園以外的地方，譬如在自家的花園裡。就全德國而言，這是至今為止所考慮到的新殯葬文化最激進的變革，在歷經長期的公民奮鬥後，總算成功了；先前教會、基民盟與繼任的市長全都反對這項改革。人民希望舉辦葬禮的方式可以保持開放，希望能夠給每個人自由，以自己的方式去處理死亡。這樣的轉折是漸進的，不是發生於旦夕之間，其間產生了某些鮮明、多彩的東西。之所以鮮明，是因為對死者的追憶，並非只是儀式化地委託給教會或殯葬業者，它其實是一個機會，藉以發展共同性的各種新形式。

據我所知，對於這項變革有不少人批評，其中也包括了本書另一位作者安奈莉．凱爾。對她來說，墓園是人類最重要的文化場所之一，在她看來，它們的公共記憶路徑，能夠通往我們的祖先、通往將自己的痕跡遺留在那裡的各個世代。她認為記憶的「私人化」歸根究柢毋寧說是種對記憶本身的危害，而不是幫助個人從官僚式的家父長制作風中解放的必要途徑。誰會在私底下擁有埋葬死者所需、適當且有尊嚴的場地？如果骨灰罈不放在墓園裡，其他的人又該如何處理？這些問題都讓她有所疑慮。此外，她也擔心，如果死者葬在一個私人的墓地裡，想要憑弔死者的人，就不再是人人都可以去；譬如與遺孀處得不好的那些朋友或兄弟姊妹，或是不方便上門按電鈴的小三。這樣的顧慮，確實也有其道理。

不過，截至目前為止，就我個人的觀察倒也沒出現什麼問題，也沒也什麼褻瀆或侮辱的情事發生。所擔心的對於值得保護的、虔誠的基督教教區可能造成的傷害，顯然也未曾發生。

在布萊梅，人們可以自由選擇安葬在教會的、社區的、還是商業的墓園。當然，如今有些新的殯葬公司成立，他們的服務有別於那些走傳統路線的同行，為市場帶來了新的競爭。近來有越來越多專業的葬禮司儀，他們不再以大文豪歌德（Johann Wolfgang von Goethe）的文句開頭，而是會去深入了解死者的生平，會為追思者的心情設想。有所疑慮的是唯有那些負擔得起私人葬禮的富人或大地主，唯有他們才能維護對死者的回憶。事實上，這種私人的、傳統的家族墓園早就存在於布萊梅。

在我的教區聖史蒂芬妮，這種自由化同時也是特殊化，促成了一種專為過世的街友所舉辦的追思儀式。舉行儀式時，出席人數往往多到出人意料。從前並沒有這樣的儀式，以往過世的街友會被「清運」，然後草草掩埋。如今那些生前未曾表示過死後想被如何處理的街友，都會被安葬在社區的墓園裡。有位街友或許從前曾是海軍，他曾表示希望死後能被海葬。有些街友則是希望能將骨灰撒在無名墓地或森林裡，相關費用由社福基金支付。我認為這些新的選擇立意既良善、又正確。

萬一土地所有權人改變，私人土地上的墳墓該如何處理？這個問題其實也是可以解決的，這總是得視個別情況而定。即使是在墓園裡，墳墓也不是都能無止盡地獲得照料。我曾見過不少家族的墓園在用過一段時間後就被廢棄，接著那裡可能又做了一個新的墓，石匠先將原本的墓碑拿來打磨一番，接著刻成一個新的墓碑。我完全可以想像私人墳墓的情況就是像這樣，在所有權移轉時，人們可以約定要不就是將死者遷葬、要不就是將原本的墳墓廢棄。

我自己為我們家族的墳墓找到了一個別的解答，在我的兄弟姊妹決定要廢棄我們家舊的墓地時，我徵詢了我們集居社區的居民，是否可以將那些墓碑移至我們的花園裡。如今我們舍夫家的墓碑就立在我們家的後面，完全不引人注意，一整年裡大多數的時間，不是落葉、就是白雪覆於其上，但無論如何它就在那，能把父母和祖父母的墓碑安放在我的住處，這帶給我一種美好的感覺。

我們可以藉由塑造某些地方、保留某些物品，將回憶帶進我們的日常生活裡。如此一來，回憶將不是一種理性的勞頓，而是可以藉由與亡者的家具、書籍或照片共存，感性地去面對摯愛的亡者。我們家的房子早在大戰時已經焚燬，不過，有些燒焦了的相簿倒是還留存了下來。它們是在廢墟中被挖掘出來。我們全家、連同我們的孫子們都覺得這些相簿十分動人心弦。

一個私人的墳墓，情況也是如此。它們全都是某種幫助，幫助我們清楚地知道我們從哪裡來、我們到了哪裡、誰影響了我們。活得越老，我越是覺得隨身攜帶著一只裝滿了人生故事與經驗的行囊，那是我的父母、祖父母和其他先人為我打包的一只行囊，是我的裝備的一部分。

我會像我活過的那樣被埋葬。這點同樣也適用於如今存在的許多葬禮服務，有人希望葬禮簡單、迅速、便宜，最好能多點葬禮折扣；有人則希望有個精心設計、量身訂作的葬禮，最後或許甚至還用死者的骨灰壓成一顆鑽石。我們這個社會所呈現出的消費行為，同樣也蔓延到殯葬文化，這點其實不足為奇。

如果我們以正面的角度來看待此事，那麼消費其實提供了各種選項，能夠幫助我們去找到適合某人的東西。困難點在於凸顯個性的力量萎縮，葬禮往往被隨意地搪塞了一些有的沒的。唯有當我藉由與其他人的交流了解到什麼才是最能表彰某位死者的特質、什麼對他最是合適，我才能跳脫這種張冠李戴的窘境。如果我們不希望葬禮淪為消費品，無論是特價葬禮、還是土豪葬禮，那麼我們就必須親自去阻止這樣的事情發生。如今我們擁有自由，不過，伴隨著這份自由，我們同樣也負有責任。保護我們每個人的憲法賦予了我們一個大的框架：**人性尊嚴是不可侵犯的。即使一個人進了墳墓也不例外。**

用人生填滿的儀式

我們有一位朋友蘿斯瑪莉，她曾鉅細靡遺地思考並規劃了自己的葬禮。她親自決定了要播放什麼樣的音樂、要由誰來佈道、要葬在哪個墓園，以及前來致祭的賓客在葬禮後又要去哪裡集合。對此，我不能夠表示：「可是我們不想這樣！」我必須尊重這樣的願望，也樂意幫忙實現。我個人覺得那場葬禮很感人，很有蘿斯瑪莉的味道，因為葬禮的風格與她的人生十分契合。

蘿斯瑪莉希望她的葬禮能由我們集居社區的居民和她的朋友凱斯勒共同操辦。凱斯勒是位天主教的神父，他的佈道令我十分感動，至今我還記憶猶新。他的那場佈道是以對上帝的懷疑和絕望為題，他並未向我們提出終極解答，而是根據蘿斯瑪莉的一生向我們提出了一些適當的提問。

凱斯勒成功地從一個令人絕望的、痛苦的死亡中，凸顯出她的人生留給我們的遺贈。蘿斯瑪莉並不想死，她畢竟還年輕，育有三名子女，身為頗具知名度的女演員，她曾經埋怨過，曾經覺得自己必須那麼早離開人世，實在太不公平。這些辛酸都未被抹滅，而是被拾起。蘿斯瑪莉最初曾經當過老師，在專科學校裡執教過一段時間，後來她放棄教職，全心投入舞台劇的演出。她不喜歡常規或例行公事。她不僅是位敢於面對具有威脅性的新事物的女性，更能一再從中獲取支持人生的養分。透過他的佈道，凱斯勒讓我們得以憑藉這個人生所具有的意義，去挺過這個死亡給人帶來的絕望。直到今天為止，它依然帶給我極大的慰藉。

蘿斯瑪莉的葬禮，早在一九九〇年代初期，就已領先於今日的趨勢，換言之不是中規中矩地固守所有儀節，而是盡可能以個人化、符合死者特質的方式來舉辦。當時之所以能夠這麼做，一方面是因為神父正好是她的朋友，二來則是因為我們將傳統天主教的安魂彌撒增添了個人的色彩。

一個用人生填滿的古老儀式，這其實並非易事，但如果沒有儀式能用來憑藉卻也不可行。在哀傷中、在道別中，我們需要某些可以憑藉的東西，我們需要一個相稱的框架。沒有人希望自己被草草掩埋，可是在我們現今的社會中，基督教的儀式卻又過於繁複、困難。當教士唸道：「復活在我，生命也在我，信我的人雖然死了，也必復活。」（《約翰福音》，11，25）時下的人大多只聽得懂字面上的意思，至於言下之意，在一個後啟蒙的社會裡，恐怕也只有少數的人理解且有感。

在蘿斯瑪莉的葬禮上，不少來賓都對安魂彌撒感到十分訝異，紛紛表示：居然還有這種儀式！在那場葬禮中，天主教的安魂彌撒是超越個人的，從它的程序來看，完全不是「量身訂作」；在死亡這件事情上，我們都是平等的。

蘿斯瑪莉希望能在她的葬禮上誦讀《約伯記》。那是一段不太與復活的希望有關的文字而是一段以人的苦痛為題的文字，正好符合她的人生。

「人為婦人所生，日子短少，多有患難；出來如花，又被割下，飛去如影，不能存留。」凱斯勒將這段不太令人欣慰的訊息與《約翰福音》的復活的希望結合在一起，其中耶穌基督說道：「復活在我，生命也在我。」但他也結合了使徒們在最後的晚餐時所懷抱著的不安；當時他們詢問耶穌基督，祂究竟要去向何方。苦痛、懷疑與希望是凱斯勒演說的三大支柱，他很細膩地將它們與蘿斯瑪莉的人生結合在一起。由於她生前曾是位舞台劇演員，因此凱斯勒也穿插了一段德國劇作家暨革命家畢希納（Karl Georg Büchner）的文句，那是其經典劇作《伍采克》（*Woyzeck*）〈街頭〉裡的一幕：

伍采克（現身）：瑪莉！

瑪莉（驚訝）：怎麼了？伍采克？

伍采克：瑪莉，我們要走了，時候到了。
瑪莉：去哪？
伍采克：我哪知道？

這個「我哪知道」、「我不曉得」的概念，在整個演說中扮演了舉足輕重的角色。凱斯勒讓這場儀式發聲，當時不只是我，其他上百名的來賓也都如此認為。

個人化的考量——適合的儀式

時至今日，葬禮與告別式變得越來越個人化。它們從社會的空間裡消失，成為私人的事務。葬禮日益偏離基督教的固定儀式，許多人都在嘗試找到一個獨特的儀式，或是從不同的宗教與文化混搭出某些新的儀式。

因為，如果沒有儀式，幾乎沒有人能被安葬。儀式是個框架，每種儀式都隱含著能在各處被重新發現的普遍性元素。向弔唁者致意、提及死者生平、向死者道別、埋葬或火化，音樂多半也扮演了要角。在我們的一場對話中，安奈莉曾引用老子的「鑿戶牖以為室，當其無，有室之用」來說明儀式的作用，儀式的情況也是一樣，其中的空間必須被填充成讓出席者在裡頭覺得自在，死者也能在其中找到自己的位置。這個空間該如何填充，每個人必須自己決定，如果沒有事先談論過此事，則必須由家屬自己決定。例如凱斯勒就想像蘿斯瑪莉那樣被安葬，他想不出有什麼更好的儀式。他表示：「沒有什麼會比這更合適那些離開我曾經且依然存在於其中的這個世界的人。」這始終還是他在這世上安居的一部分。如果框架應該與死者相稱，它就應由某人生活過、思考過、感覺過的東西構成，對於其他的人而言，這個框架看起來則完全不同。

如今我們面臨著種種的非同一性，例如某個無神論者可能會被他虔誠的妻子以基督教的儀式來安葬，我們必須忍受這樣的情形，即使是在他們的共同生活中，也可能會存在這樣的兩難。生活代表著變遷，變遷的發生並非總是具有秩序或合乎邏輯。時至今日，大抵上再也沒有葬禮的特定形式，這是我們的自由，但同時卻也是我們的不安。如果一個人必須向某人道別，那麼他就必須做出許多的決定，這是很辛苦的！

不久之前，我們有位關係密切的朋友過世。她的丈夫和她兩個剛成年的兒子並未舉辦任何葬禮。他們辦不到，他們的喪慟過於哀戚。他們表示：「我們既沒有與基督教、也沒有與傳統習俗有所關連，我們只與我們摯愛的亡者有關。」於是，他們默默地火化了他們的妻子和母親，就在這位朋友過世一週之後。他們特地去了趟荷蘭，好將她的骨灰帶回家。在那之後，他們思索再三，考慮究竟該如何安葬他們家的亡者。後來他們決定，要把我們這位朋友的骨灰分散在她生前喜歡的一些地方，像是希臘、瑞士和家中。他們父子三人花了三個月的時間，將死者帶到她所喜歡的地方，手牽著手，在那裡把骨灰撒下。過了一段時間之後，他們才邀請了朋友們前去參加一個聚會，藉以聊聊死者生前的過往，一同懷念與追憶她。這是一個自創的形式，但卻能讓留在世間的人感到寬慰，別的方式對他們來說都不可行。這也是一個與死者相稱的道別，它讓這一家人共同活過的生活再度甦醒。

就連在公共空間裡的哀悼，同樣也發生了轉變。這點我們可以從二〇一六年二月在巴特艾布靈發生的大型火車意外事故後的葬禮看出。在傳統的、天主教的巴伐利亞邦舉辦了一場世俗的葬禮。這在幾年前或許都還難以想像。特別是在公共的哀悼活動方面，在一個多元文化的社會裡，我們必須以能讓所有的人都感到獲得照顧的方式，去舉辦公共的追思儀式。凱斯勒認為儀式必須考慮到死者與遺屬的個體性。透過洗禮、聖餐禮、婚禮和葬禮來規範民眾的生活，教會的這種排他性權力再也無法遂行，至少是無法在西歐遂行，也因此，舊的儀式必須被填充以新的生命。許多神職人員都能成功地做到這一點，不過失敗的也大有人在。特別是在那些舊的儀式遭侵蝕、新的儀式取而代之的地方。也許，在短短的數十年之間，將結晶出許多新的形式，我們可藉由它們來向我們摯愛的亡者道別。

和安奈莉不同，我從不曾退出教會，因為我總是會一再在那裡遇到一些在生活上、在言行上、在態度上足為他人表率的人。我想要參與其中，我不想要自外於他們，然後口出狂言地說：「你們全都誤入歧途！」儘管如此，整部教會史依然是充滿了追逐權力的色彩，正如其他想要自我維持的組織或機構。在一九五二年的《唐．卡米羅的小世界》（*Le petit monde de Don Camillo*）這部義大利喜劇電影裡，有一幕演到一位教士和一位共產主義者為了一位死者而爭吵，他們為了捍衛自己的地盤所伸張的權力，同樣也適用於另一種組織、意識形態或信仰建構。

順道一提，特約的葬禮司儀多半都是主修宗教學或神學，因此許多試圖構思或設計出一套新儀式的人，其實都有著基督教世界的根源。這顯示出人們在此走在完全類似的方向上，他們只是不想再繼續遵行舊儀式，因為那些舊儀式再也無法對他們說些什麼。當然，一位特約的司儀也並不保證必定會有一場成功的葬禮。

道別儀式不再固定，這也代表我可以將儀式設計成自己能承受的形式，這樣的一個葬禮也必須能為眾人所承受。就我所知，有不少人其實必須借助鎮靜藥物才能撐得下去，許多遺屬與弔唁者都把偏頭痛與心律不整描述成葬禮症候群。安奈莉和我都認為，這多多少少也與強制的儀式有關。一個葬禮越是虛偽，越是與死者及其親屬格格不入，它就越難以被承受。我們同樣也曉得並不是每個人都想創新，並不是每個人都想發明屬於自己的儀式。這同樣也有其合理性。不過，重點在於儀式應當給人獲得照顧的感覺，如若不然，儀式就會成為一種沉重的負擔。

凱斯勒指出一場葬禮的關鍵在於誰做什麼。由友人來致詞，並不一定總是妥當。萬一他們的想法不聽使喚，那該如何是好？有時教士或葬禮司儀這類中性的人物，反倒可以在如此困難的時刻發揮引導作用，特別是當友人與死者之間存在著某些未解的心結。這時究竟是要去翻舊帳，還是最好保持沉默？人們可以從祝禱文中聽出許多事情，即使它沒有明明白白地去點出某些問題。凱斯勒當時在為蘿斯瑪莉所做的祝禱中說道：「那些她曾想要的、那些她曾做過的、那些她曾遭受過的、那些未能說出的、那些未能和解的、那些未能辨認的，所有這一切的抑鬱全被她帶走。」

匿名安葬

某些心理學家指出每個人都需要一個舉辦葬禮的地方，這點大致上是對的，不過我倒是會避免將這樣的主張普遍化。當年我們在布萊梅設立一塊匿名的墓地時，我還是個年輕議員，如今這塊墓地已完全為人所接受，巧妙地融入了我們美好的靈斯貝格墓園。人們可以在那裡散步，在那裡認識布萊梅的城市史，人們可以在許多墓碑前憑弔某個人們認識或有所耳聞的人。在裡頭挨著湖邊的地方，無名墓地就座落在那裡，整理、照顧得十分漂亮。家屬可以在那裡種花，四周不僅栽種了一些名貴的樹木和灌木叢，還設置了不少好看的座椅。在那後頭，原本有個仿照古代神殿而建的老火葬場，如今被改裝成一個用來舉辦朗讀會或音樂會的空間。這是一個十分僻靜的地方，我完全不認為家屬在這裡會找不到可以憑弔的地方，在我看來，被安葬在那裡的人，並沒有被拋棄、並沒有被遺忘，而是融入了整個城市的社會中。

舉例來說，前「工人福利」（Arbeiterwohlfahrt）的邦主委艾勒斯（Ella

Ehlers），以及她的丈夫市長艾勒斯（Adolf Ehlers）就安葬在那裡。艾拉是位十分了不起的女性，在納粹當政時期，身為共產黨員的她曾力抗納粹，我很喜歡她且尊敬她。艾勒斯夫婦未曾生兒育女，因此決定安葬在無名墓地。每當我去到這座墓園時，總會想起艾勒斯，她一輩子都在尋求與群眾站在一起，從未抱持過獨善其身的想法，這點她同樣也在入土後做到了。

誠然，全德的匿名安葬在比例上僅佔了百分之五，並不算多，這透露出社會上的多數還是希望自己的安葬能夠有個專屬的地方。不過我反對將這百分之五說成是「安葬神經症」的原因，匿名安葬是人生百態中的表現，能夠存在這樣的可能性，其實是好事一樁。

海葬文化其實也算是匿名的，除了投放骨灰的座標以外，其餘什麼也沒有留下。如果有人有這樣的心願，這也是屬於他人生的一部分；他可能曾是水手，或是與大海有過特殊關係的人。我認為匿名安葬代表某人就是不想在自己安葬的地方豎立紀念碑，想要融入一個更大的群體，想要回歸所有生命都曾來自的大自然。我對這樣的願望抱持著寬容與尊重。

新的儀式促進多樣化

在收集儀式方面，安奈莉是位藝術家。她在自己的生活與工作中有過不少的見識。她並非只是一個在遠處觀察的學者，而經常融入到不同的生活藝術裡。我覺得一個人如果能夠融入這個距離被拉得更近的世界、這個我們可以透過電子媒體同時接觸與體驗的世界，並且也將這一點傳遞給別人，那將會非常美妙。一個人如果能夠脫下教育和傳統為我們戴上的眼罩，就有機會發現其他的文化。在死亡這項主題上，它們或許有著截然不同的經驗，或許發展出了截然不同的處理方式。這是一種增益、一種富足，我們可以向他人學習死亡和殯葬的文化。

我個人是希望在自己過世之後，在世的親朋好友能夠想起我的快樂和我待人的熱情，能夠想起我的寬容和我對小孩的慈愛，能夠想起我的好奇心和我對音樂的熱愛。在我看來，這些事情對於一個人來說才是重要的，至於一個人究竟是穆斯林、佛教徒、基督教徒，還是無神論者，其實沒那麼重要。

如今我們活在一個宗教基本教義回歸的時代。我們見到有許許多多的人不敢表達出自己的問題、自己的懷疑，而是活在一個被嚴格規定的教條中，他們不僅緊緊依附著那些教條，更強迫他人也要去遵循那些教條。我們必須以自由的吸引力、多元的吸引力、寬容的吸引力和尊重他人的吸引力，來對抗這樣的趨勢。這些同樣也反映在面對臨終和死亡的態度上。

假設，我認為中亞的薩滿教很棒，與我十分契合。為何我不能夠希望自己的葬禮採取薩滿教的儀式？這不是恣意、武斷，而是順應我如何活過的人生。我認為留在世間的親朋好友尊重我的心願、幫助我實現我的心願，這是最基本的。另一個人也大可為自己的葬禮找尋自己偏愛的儀式。但不必用這種方式讓人感到驚恐和害怕，這應該是由當事人與親戚或朋友事先商量過，進而寫在遺囑裡的決定。

在取消布萊梅的墓園強制規定的爭辯中，某位基民盟的成員有點危言聳聽地表示人們將來會把死者的骨灰撒在小狗吃喝拉撒的地方。這位先生認為，用圍牆圍住且夜間上鎖的墓園，是唯一能夠確保以尊重的態度對待亡者的方式，其他的方式都是在任意擺佈死者。這種態度實是缺乏了對人的信心、缺乏了對人的道德能力的信任。從距今大約九至十二萬年前起，人們就開始以有尊嚴的方式安葬死者。我們應當避免去強制人民必須遵守傳統的殯葬形式，不允許人民彩繪棺材、在墓園裡播放搖滾樂，或是在墳墓前與死者對飲。

第八章

直到盡頭的自主

安奈莉·凱爾

當過往的生活感受崩潰

能夠自主地生活，直到最後都能擁有足夠的生存意志與生命力，這是許多人內心深處的希望。但這並非只是坐等生命結束就能辦到，而需要付出更多心力。如果一個人想讓自己的人生真正成為「自己的人生」，他就必須將自己的人生牢牢抓在手中，一直到最終都盡可能地自己決定自己的人生。

當一個人失去了達成自主的情感和經驗的重要資源，像是足夠的收入或財富、自己的房子、穩固的人際關係、自己的所作所為獲得的尊敬與肯定等等，他就會感受到這個願望的重要性。上了年紀的人，有時會單純因為自己的年紀與某些具體的生活轉變，就喪失了這些資源。他們會更加擔心喪失自主，因為他們再也無法做成某些事情，因為他們失去了配偶，因為他們必須放棄自己的住所，或是必須搬進養老院或療養院，因為他們在財務上陷於依賴，或是因為他們失智，就突然間需要仰賴更多的幫助，或是因為不幸罹患慢性的重病，必須長期等待死亡的到來。

隨著自主的喪失，原本所能感受到的尊嚴岌岌可危，自由意志與其他個人的權利顯然都遭到威脅、自我形象受損，自主形塑人生的勇氣與力量消失。與家人或其他人共同生活變得更為困難。剩下的自主彷彿只是一點憐憫的配額，當過往的生活感受崩潰，種種的轉變和損失便會提前引發彷彿真正的人生終點已經來臨的感覺。

人性尊嚴、生命的價值與幸福，至少在我們的文化圈裡，顯然只能建立在自主的基礎上，而這點無論如何都被理解成是主觀的。這項願望到底代表了什麼？什麼樣的人生概念是以它為基礎？我們如何實現一個自主的人生？「直到最終」這句話隱藏了什麼特殊的含義？如果一個人表明希望能夠親自決定自己的死亡時點，可是在沒有外力的幫助下，他自己辦不到這一點，這時是否有權請求專業的協助？

人們希望能夠在與自己的思想、情感及願望相互協調下度過所有的人生階段，不要遭到孤立，不要不受認可，可以相對獨立、自主地在群體中生活，在這個群體中，人人都能走自己的路，法律和道德的規範將促成社會的身分和保障。關於自主人生的理念、實際及其應用的討論，不論是在家庭、學校，或是職場和社會中，顯然都反應冷淡。關於自主人生的爭論，譬如「協助自殺」的問題，再再顯示出人們普遍缺乏調整自主這個概念的縱深及反思。

自主的人生需要時間，藉以在個別的生活與工作狀況下取得發展。為了去看清種種壓力，去認識種種影響，去找出什麼是一個人真正想要的、找出什麼是對一個人有益的、找出什麼是一個人獨立於他人真正的感受和想法，這需要耗費心力、耐性、專注及個人的勇氣。

自主並不容易擁有。為了抵禦他人的蠻橫與外來的威脅，我們總是得要一再重新鞏固內在的獨立性，我們需要那些被我們自己的內心世界所影響的決定，需要那些自己執導自己的人生的決定，我們必須零距離地去感受那些緊張與麻木，藉此去改變和消除它們。

如果提到了「自主地生活」這樣的願望，那就是在呼籲不要盲目地接受自己，不要隨波逐流、隨俗浮沉，即使在自己的情感、思想和行為上落空，也要把自己當作課題，應當考慮所有的可能與實際，千萬不要在人生的失敗上一蹶不振。這對於所有的人來說都是一大挑戰。

有時，發現自我與實現自主人生這樣的決心和艱苦嘗試，在人生的逆境中，只會讓人萌生出自我了斷這種至少是自主決定的想法。以下所要講述的，正是這樣的例子。

「我再也撐不下去」

盧修斯於二〇一六年一月結束自己的生命時，他才三十歲。他自殺的那一天，一如往常有個好的開始，然而緊接著黑色「幽靈」卻再度來臨。多年來，儘管接受了專業的幫助，自己也耗費了許多的心力，但他始終就是無法擺脫掉它。「我再也撐不下去。」是他最後的遺言。雖然他的父母和朋友早就知道這一點，但如今這句話才終於成真。在與自己心靈裡的黑暗力量長期對抗的過程中，他總能一再為希望找到容身之處，但黑暗力量卻也越來越讓他無法承受自己的生命。

盧修斯的母親形容他曾是個極富想像力、開朗且善於交際的孩子。他很受歡迎，有時喜歡調皮地開開玩笑，頗具創意，尤其是他願意去傾聽那些同樣面臨著人生困境的人。他曾從事過搏擊運動，在滿師時由於表現優異獲得嘉獎，他的鼓打得很好，也很會畫畫。他喜歡物質享受，培育盆栽對他來說可不只是普通的嗜好。他的家人指出那些柔弱的小植物，對他的意義極為深遠。然而，不知在青春期的何時，他在尋找自我中迷失了自我，他開始吸大麻，開始會去做那些全家人除了他以外都不會去做的事。

幾年之後，他終於認識到這不是他要走的路。遺憾的是心理問題與黑暗力量在他的身上取得了主導地位，相繼而來的便是一再地住院、服藥與接受心理治療。有時他會稍微好一陣子，接著就又開始崩壞。他在日記中寫著，自己的自殺念頭越來越強，總是害怕獨自一人待在自己的住處，「我的狀況總是起起伏伏。我一再跌入深淵，一再奮力爬出。」

此後他便再也不曾擺脫黑暗，極其渴望結束折磨著他、對他是種苛求的生命。只要盧修斯一呼喚，他就可以得到幫助，他就能感受到父母和兄弟姊妹對他的愛，但他的生命之耳卻幾乎聽不見。他曾寫下自己的祈禱，請求上帝賜予他力量，藉以對抗那些惱人的想法。他們家的一位牧師朋友在葬禮中表示：「他再也無法承受他的生命一再重新施加給他的重負，為此他選擇在主顯節的下午，我們的三王來朝紀念日，投入他的造物主的懷抱。」牧師還說道：「今日我們在此相聚，是為了共同在此刻再次懷念盧修斯，懷念他的一切，而非只是追憶受疾病所侷限的他，我們要謹記這一點，以愛與尊重的心向他道別。」

在盧修斯結束自己的生命時，他做了一個艱難的抉擇。他親自決定了自己的死亡時間與死亡方式，在有生之年裡，他其實擁有許多的扶持與協助。遺憾的是，它們都沒能救得了他。在自殺中，他不想要任何協助，他自己決定要一個人走，一個人扛起自己的責任。然而，許多問題依然懸而未決。

渴望徹頭徹尾的自主人生

活著的人並非總為自己能夠活著感到高興。但只要一個人活著，他就會變老，生活條件會漸漸妨礙他的想望，人生樂趣也會受到侷限，這些種種未知的麻煩事會延續到人生終點。變老完全合乎生命的邏輯，在非個人的一般性層面上，人的情緒和意見對生命來說根本無關緊要。它不會去傾聽。它就是它！

生命本身不會死，而會以不同的形式存活，還會在下一代人裡延續。唯有目前有生命的會死，絕望與希望同時包含在這項事實中；在必須死亡的個別生命體這一邊的絕望，恰恰正是生命體的下一代那一邊的希望。一個人有限的生命，直到這個個體的終結，會持續伴隨著那些託付給這個具體的人的使命，也就是說要盡可能在自己所有的關係中好好地活著。

保證擁有幸福與長壽的人生，這種承諾並不存在，我們寄希望於這種「成功的」人生工作，然而就長期而言唯一可以確定的就是，沒有什麼會一成不變，此外，除了生命的力量與成功的人生以外，年老體衰、需要幫助以及人生終點，也都存在於人生的日程表上。我們所做的、所希望的一切，終將有個盡頭。

死亡的時間、地點與方式，可說是每個人的人生最終挑戰。死亡是無法商量的，自然死亡作為確定的人生終點，蔑視了人類的自由意志與自主性，用「某時、某處與某種方式」這種說了等於白說的答案，去搪塞那些頻頻探問的人。大多數的人都會接受自己的人生的這種開放且未知的結局，他們活在某種「準備狀態」，因為，儘管有個「被規定了的」終點，對人生下功夫、尋求獨立自主，這些依然不能免。

時不時，當某個備受愛戴的人離開人世，當戰亂與逃難的死亡影像透過媒體深入每個家庭，當某項重大傷病讓死亡顯得近在咫尺，甚或是當某位鄰居自我了斷，我們似乎就會更容易明白什麼被從自主的權利中排除出來。然而，大多數的人其實都會覺得死亡的時間、地點與形式懸而未定，這未嘗不是一種「恩賜」。還有不少人一輩子或多或少都會覺得，一切都會在適當的時候發生。他們很少去想到死亡的不確定性會對人生的激勵有什麼意義。簽署遺囑與患者同意書，似乎就完成了最重要的事。

可是，無論一個人活到多老、病情有多嚴重，到了最後，死亡卻似乎總還是一個意外。即使很久以前就已經預告只能再活多久，在許多的訃告上還是會寫著：「突然且出乎意料地……」

以神經學方面的案例故事風靡全球百萬讀者的知名英國神經學家薩克斯（Oliver Sacks），曾在他的《感恩》（*Gratitude*）一書裡寫道：「**死亡就在我的眼前，但是生命尚未終結。**」在他可說是又老、又病、又接近死亡之時，他寫道：「如今，虛弱，呼吸短淺，一度結實的肌肉為癌症所癱軟，可以確定的是，我的思想越來越少放在那些超自然與靈性的事情上，越來越多是擺在『什麼叫做過一個良好且值得追求的人生』這個問題上、擺在尋找這種人生的內在平靜上。」在道別即將到來的時刻裡，較少牽涉到快樂的自主，除了屈服與順從於可預見的命運，除了道別的痛苦與絕望，這時在一個人身上也會興起對死亡的宰制的抵禦和反抗。他不僅會為自己的生、也會為自己的死，要求自己在自由與自主上所享有的權利，會出於不同的原因想要親自劃下人生的句點。

自殺——當一個人親自劃下人生的句點

路茲曾是我的學生，後來他自己也成為老師。在他相繼失去了妻子和女兒之後，便提前退休，對於伴隨老年而來的體弱多病憂心忡忡，由於不想惶惶不安地坐等不確定的死亡，最終決定自我了斷。在葬禮的談話上，我以書信的形式表達了身為朋友的感觸。以下是節錄：

親愛的路茲，

我和許多你的朋友，並非是在完全沒有心理準備下聽聞你的死訊。然而，在它的不可逆轉和你的明確決心下，這個消息出現在我們的生活空間裡，還是突然到足以令我們腳下的地板震個不停。無法讓你撐下去的你的勇氣和你的力量，還有無法幫助你撐下去的我們的軟弱無能，壓縮成一股哀痛。在這當中，來襲的情感與思緒尋覓著藏身處，我們每個人都得以自己特別的方式，為自己創造一個與你的關係的新的內在秩序。

儘管如此，搖晃的地面依然承載著我們，因為，將我們與你連結起來的友誼和愛，牢不可破地嵌入其中……對於你的決定表示尊重，並無法免除我們對於這個問題的責任：究竟是出於什麼緣故，為何長久以來我們的聲音再也無法傳遞給你，我們不能成為穩固一個共同未來的錨、不能成為你的願望的降落場、不能成為你的恐懼的避難所？只要一個人不曉得自己沒有未來，或是他人還能在他身上激起他藉由當下所擁有的未來之音，他就會有未來。

我們越來越能感受到，你那看不出自己擁有值得活下去的未來的情感與認知，是如何變得強烈，想要活著的呼聲，是如何變得薄弱……

你鑑於安可的死及你自己的病，憂心自己會淪落到必須仰賴他人的照顧。這點讓你一再引發各種症狀，迫使你必須一再就醫。你覺得自己提前成了一個老人，但你一點也不想變成這樣。我們的人生其實都伴隨著對於依賴及失能的恐懼，我們想要忘記，自由和依賴就像姊妹一樣，共有我們的人生，我們想要忘記，相較於其他的人生階段，我們的人生的開始與結束更需要共存。然而，你對於生病所招致的崩潰、依賴與失去自由感到的巨大恐懼，究竟是從何而來？你又是從何確定，自己將會失去各種自主？於是你選擇了自殺作為自己最後的自由……

人們有權，或者，更準確地來說，有許多理由，可以不把生看成是比死更好的選擇。否定這一點的人，並未真正地觸及生命，或是將生命的複雜性降低為自己的性命。這個世界需要懷疑者、需要說不的人，而我們必須透過你，親愛的路茲，來質疑我們自己。我們不能逃避恐懼和它們的後果，我們依賴它們，雖然我們寧可將你的恐懼轉化為留下來與我們同在的力量。

我們對於你選擇死亡的決斷力深表尊重。你準備自己的決定時所具有的小心謹慎，至今依然折磨著我，因為我幾乎無法忍受這條路的孤獨。你輕易地讓我們相信了，我們可以信賴你的決定，我們未曾忽略掉任何的呼救——然而，如果我們也不曾懷疑，已經窮盡一切可能，並不是為了把你救活，而是用我們之中的某個人生讓你相信生命，我們也不能說是愛你。

我們以不同的方式愛你，這條愛的紐帶不會斷裂。為了生，我們能夠從你的死學到的那些事情，必須展現出來。「真理是個無路的國度」，這是當代最偉大的思想家克里希那穆提（Jiddu Krishnamurti）的中心思想。當我們在天與地之間繼續尋覓之際，**你就在我們之中**。

我向你鞠躬，對你揮手道別，帶著我對你所有的愛和友誼。

安奈莉

穿越人生所有的階段，人的存在只剩下一個危機的存在。它被各式各樣充滿風險與危險的情況所圍繞，它們一方面隱含了各種人生的契機，另一方面卻也同時威脅到成為自主人生的作者與主體的可能。

在出生和死亡之間，不存在任何確定與計畫保證的痕跡，人生並不是依靠任何注意事項與預防措施，確定毋寧說是自主與自我反省的冒險，依靠勇於去對人生作實驗、犯錯、謹記時間性、面對無常的嘗試與意願。人生過於狂野、過於意外、過於倚賴創意，不屈從於事先確定的計畫與穩當的程序。

如今人們以計畫、預測和預防措施作為自主的基礎，來反抗人生的這種無法預見的危機結構。哪裡充滿了風險，那裡就應該獲得保障，保險政策對於老年人來說特別是一種保證。而對於許多人來說，寧可遵循預定的路線，同樣也在精神與心靈上整齊、有序地行進，也不要走自己的路，自主地向前。

自主雖然需要耗費時間和精力，卻也挽救了人生的樂趣。因為**這不僅是最終的、同時也是唯一的機會，能夠讓我們將自己的人生掌握在自己的手上**。

醫療觀點的彼岸——整體地感知體驗

學習醫學的人會學到很多東西，但卻很少學到與人的結構性脆弱以及與死亡性有關的事，它們不僅決定了一個人的存在，到了人生的盡頭，當自己的力量消退，更會對一個人產生特殊的意義。如今，在醫學方面，同樣也需要一種超越疾病的監控與治療的特殊關注。熟悉人體解剖、人類疾病全景與以實證為基礎的治療系統方法的人，未必同樣清楚了解那些任性的節奏、驚人的能量、非醫學的影響因素，以及人類有機體並非只在接近人生終點時才會陷入的主觀反應模式。他們太少學到主觀的身體體驗、特殊的痛苦，幾乎未曾學過當不僅涉及到日益無助的生，更涉及到就廣義而言一個人的「生存的死」，一個人的自主或自決會有怎樣的程度與性質。

年老、臨終、虛弱、生病的主觀性在醫學、心理學、教育學及社會學等領域的教科書裡付之闕如，因為它們主要關心的都是生命、生命的維持與生命的促進。生命與生存的意願都是理所當然，也值得促進。

臨終與死亡似乎都被看成令人厭惡的驚喜，沒有人想要它們。「自願」終結生命，這件事似乎不麼理所當然，基本上就是不正常，自古以來就被視為是種疾病。一次失敗的自殺怎不僅會換來帶有監視性質的醫療警戒，多半還會淪為患有精神疾病的一項明證。日後能夠洗脫這一切的前提是醫師對於一個人的生存意願做了足夠的檢驗，從而增強了某種程度的信賴，而且也不存在絲毫可預見的自殺或他殺的危險。

想要自我了斷的人會引發顯著的不安，有鑑於心理層面的重大疾病與障礙會瓦解一個人的生存意志，關於非僅止於無法治癒的身體病痛層面的專業安樂死與「協助自殺」的討論，早已再度展開。一個人如果能在借助醫師的「協助自殺」這個脈絡下思索自主與生存意願，便能夠看清到底什麼是一個「值得生存的生命」？而這點又該由誰來決定？

並非只有醫師、護理師和家屬，而是我們所有的人都對此知道得太少，一個人是如何經驗、接受和拒絕自己的人生終點，或是有多想共同參與形塑這個過程。再也無法指望醫藥能夠治癒的那些病人，到了自己的人生終點，究竟必須經歷哪些階段與病程，無論是他們自己、還是他們的家屬，都無法事先預知。

這些經歷是發生在專業診斷與統計的平均預期之外，是沿著個人至今為止的人生、情感及思想發生在日常生活之中。以整體的、心因性的角度去思索處於最終階段的患者會面臨哪些具體的挑戰，這並非一般醫師養成教育的主旨。醫師的培訓著重在身體方面的生命維持，在乎的是器官的機能是否能夠承受各種相關治療，至於臨終與死亡的社會、心靈及個人經歷等層面，則不是它們所關心的重點。

安寧緩和醫療、安寧緩和照護，以及沒有受過訓練或受過其他訓練的協助者，是否與如何能夠發展出對重病者與臨終者的生命耐受性的全面觀察，依然是個未知數。

出生與死亡不僅標誌了人生的開始與結束，更作為人生的基本結構，貫穿一個人的年壽，直到人生的終點，並且化作人生經驗、人生價值與人生希望，表現在個人經歷上。因此，那裡聚集了跨越一輩子的關於生與死、生存意願與生存恐懼、希望與絕望、友誼與愛、形成與逝去的畫面、體驗及想法。想要自主活著的願望會以這樣的方式滋長，正如人生樂趣與生存力量的失去，或是到了人生終點所萌生的想死的渴望。以下的這個例子，講述了這場想要活下去、不願失去生存的勇氣、不願放棄求助的希望的奮鬥。

二〇一四年五月，時年六十六歲的赫伯和家人一起從敘利亞逃往土耳其。接著，他獨自一人循著巴爾幹半島的路徑，繼續前往德國，如今和女兒一起住在布萊梅。赫伯會說德文，因為他在年輕時曾經留學前東德，他女兒的老師邀請他到學校與學生進行座談，學生好奇地詢問這對父女，他們是如何在漫長的旅程中、在一路擔驚受怕且危機四伏的冒險裡存活下來？他們無法想像，難民，特別是婦女和小孩，是如何歷盡千辛萬苦來到這個國家。

赫伯的答案是：「當我的身後已一無所有，再也沒有可以歸去的故鄉，眼前只見逐漸逼近的死亡，我只有一個答案，那就是我要收拾掉死亡，要像跳過馬背上那樣，跳過它的背，竭盡所能地將它翻轉到我要的方向。我要不就是一死，要不就是捍衛自己。因為我想繼續活下去。這種對於生命的連結，是我唯一擁有的力量。是這樣的意志，把我帶到了這裡。」

身、心、靈會有意無意地透過人生經驗的累積，為人生的終點預作準備。除了身體的病痛與日漸虛弱以外，一個人也必須向自己一輩子的經驗豐富或經驗不足道別。學習活著道別主要代表從至今為止所經歷過的回憶中，匯聚出一個人到了生命盡頭迎向死亡所需的力量。講求人道的臨終文化需要個人與社會去探討伯格曼所說的「宇宙之謎的奧祕、生與死的奧祕」所賴以為基礎的、在每位臨終者身上會以精簡版重現的整件事情。

如果我們罔顧接近死亡之處的臨終者的狀態，不給這項表達時間和空間，就可能造成不僅是那些與死亡周旋的醫師和其他專業人員，而是我們所有的人，都會對無論是在生者這邊、還是在臨終者這邊的那些思想和情感上的財富視而不見。此外，特別是臨終者本人將會失去這個泉源。我們絕不能忽視在日常例行工作的實踐外，所有的參與者在行為的瞬間，都有可能觸及到一個人難以捉摸的弱點，觸及到具體的受苦形式，但也會觸及到生的藝術，還有每個個人在生死經歷上的財富。

自主的脆弱性

在《伊凡．伊里奇之死》（*The Death of Ivan Ilyich*）這部小說裡，俄國文豪托爾斯泰（Leo Tolstoy）描述了由於死亡被視為禁忌，而在醫病關係中產生的兩難困擾：「伊凡．伊里奇最大的痛苦是謊言，那些基於某種原因為所有的人所認可的謊言：他只是生病，但不會致命，他只需平心靜氣地接受治療，好讓一切回歸正常。」

許多患者都會經驗到這種在絕望與失望之間的轉變，它們會在患者身上引發這種矛盾的訊息。他們越是變得虛弱，越是強烈地在自己身上感受到死亡的氣息，他們就越不容易真正感受到自己受到陪伴。在這種情況下，對於死亡的恐懼會越來越巨大。為了在共同決定下參與臨終的過程，臨終者需要誠實以待，需要在醫師、朋友或家屬當中，有能忍受死亡作為某種主題並盡可能提供協助的人，藉以幫助當事人走他自己的路，無論是採取什麼態度、懷抱什麼心情。謊言、欺騙、虛偽的保護、壓抑、專制、官腔官調或專業傲慢，這些都會扼殺高齡者或臨終者還能實現的所有小心翼翼但卻極具重要性的自主嘗試。

伊凡．伊里奇深受謊言所苦。他的煩憂最根本的原因在於醫師和朋友都無法忍受死亡這個主題，其結果就是他被推向某種難以自主的境地，沒有人像他所希望的那樣同情他。托爾斯泰寫道：「在某些時刻，在一陣漫長的劇烈疼痛後，伊凡．伊里奇非常希望，有某人能像憐憫一位病童那樣憐憫他；雖然他羞於承認這一點。他希望，有人能夠熱情地擁抱他、親吻他、為他哭泣，就像人們擁抱與安慰小孩子那樣。他明知，自己是個高官，自己的鬍子也早已花白，因此這一切根本不可能；儘管如此，他還是對此強烈渴望。」

隨著安寧緩和醫療和安寧緩和照護的日漸發展，並且在與臨終關懷運動的合作下，開啟了一項重要的轉折。人們開始會去反對醫學獨大的心態，反對其他關於「正確死亡」的絕對權力幻想，允許無可避免的事在適當的時刻發生。如今我們可以期望，我們會學著去經歷道別，在帶有相應的住院或居家的陪伴服務的醫療照顧下，連同那些會自我反省地談論臨終和死亡的人，連同一項具有批判性的公民運動；這項公民運動把專業人員和志工聚在一起，它不想盲目地跟隨要求可行性的呼聲。

沒有人能夠逃脫存在於「凡人皆有一死」這項事實裡的人生悲劇。明白這件事是一回事，面對這件事則又是另一回事，當再沒有什麼能夠修復時，就會有許多事情要做。醫生可能依患者的請求所給予的最後一次注射，不可能是解答。它會終結那些或許尚未終結的事情。親自迎向這個道別、承受人生的界限，這同樣也是一個想要自我了斷、但卻必須請求或需要某位醫師積極協助的人的願望。**直到最後的這一刻，他同樣也必須學習道別。**

「秀出你的傷口」，是德國行為藝術家博伊斯（Joseph Beuys）的一項很棒的展覽。在這項展覽中，他不僅質問了在人的健康受損與難以療癒中，什麼是最重要的，同時也指出許多失望的傷口並沒有被認真對待、不再為人所接觸與陪伴、再也不曉得如何在「決定性權力的騷亂」下自主。

這種種的失望，並非只有托爾斯泰筆下的伊凡．伊里奇深受其苦。博伊斯也問，意志力以及對於一個令人滿意的人生或一種簡單的生存的希望，能夠從何處得到滋養？在他看來，唯一值得去鼓舞的就是廣義的人的心靈，在強化心靈上所關乎的不僅只有情感，同樣也涉及到認知能力、思考能力、直覺、靈感、自我意識，尤其是涉及到了意志力，涉及到了在自主能力中的一個人的內在力量。

什麼讓和解的道別變得困難

並非只有博伊斯認為精神生活的這些力量嚴重受損，所以我們該救救它們。大多數的人其實都覺得自己無助地任由處境所擺佈。他們的活力與能力，像是與人生困境周旋、有尊嚴地變老、為自己的人生終點預作準備等等，都在各種日常的瑣事與干擾中遭到扼殺。一切都上了網，可是再也沒人會去瀏覽，或是真正出現在人生在鬼打牆甚或走向盡頭的地方。

正如心臟與眾器官有時會罷工，打破它們的沉默，人的身體會藉由種種症狀來呼救，同樣地，當「好死不如賴活」這項確信開始動搖，人的心靈與內在也早已處於危殆之中。身、心、靈能夠做成自主決定所需的轉圜空間變得越來越窄小，而且幾乎看不見。在國家與經濟的權力諱莫如深的糾結中，在娛樂產業的各種消遣、散心的誘惑裡，還有對於個人人生的種種專業方面的介入，這些都讓人們越來越難以去認識他們可以自己形塑的生活空間，為它們具體地負起責任，另一方面卻也同時能在那當中，自主同時在良好的力量與勢力陪伴下，平靜且從容不迫地罹患疾病或走向人生終點。

特別是年輕族群，近年來酗酒、吸毒與自殺的人數不斷攀升，成千上萬假借宗教之名的狂熱分子淪為犧牲者。如今人氣正夯的不是自省或自主，而是逃避現實，或是「在我身後，洪水將至」（Après nous, le déluge）這種原則。

有時，為一個人生投入更多的精力，似乎根本毫無意義。期待過一個自主的人生，誠如盧修斯的故事所示，這樣的心願可能會終結於一個自我了斷的決定裡。**自主需要動能，它不是靜態的，而是動態的結構**，它不會無來由地存在，需要某種對於可能性的感受力，換言之，需要能夠描繪出在一個具體人生中的某種未來的想像力。

「我真的覺得自己始終想追求更多金錢與權力的意志好嗎？我真的想要成為一個能夠整天被鎂光燈與歡呼聲簇擁的人嗎？還是說，我想成為一個以修道院花園的靜謐為家的人？」瑞士哲學家畢里（Peter Bieri）曾在他對自主的研究中如此問到。

每個人或許都會在很多情況中自問：在為自己的人生終點預作準備中，我如今是否還對自己習慣藉以去看事情的方式感到滿意？我自己的情感是否能夠說服我？我是否覺得自己的羨慕、厭惡和驕傲是妥適的？我是否真的要繼續堅持這種或那種立場，或者我也許該試著改變自己的觀點？我是否終於能夠放開那些我早就一直想要放手的事物？當我住進了老人院裡，負責照顧我的人是來自別的國家的新難民，我是否想要繼續抱持著猜忌，還有我的父母對於戰爭和流離失所的恨？我是否能夠想像在人生的最後道別中，自己不僅具有和解、寬容、平靜或感情豐富等能力，而且還能發揮它們？與內心世界的小劇場交鋒並非易事，**我們所認為的「自主」，有時其實可能只是習於某種外部的控制或常規**，正如以下這個伴隨死亡結果的麻木狀態的例子所示。

德國作家伯格（Bruno Bürgel）在一九四〇年代出版了《論每日的惱怒》（*Vom täglichen Ärger*）這本小書，裡頭講述一個英國人的故事。這個英國人上吊自殺，因為在他眼裡，每天早上再次將每天晚上脫下的衣物穿戴起來，已成了一件既愚蠢、又無聊的事。他在遺書中表示在自己人生的最後四十五年期間，一共穿、脫了六四二五次，他完全看不出繼續這麼做下去有何意義。在他看來，根本不值得繼續播放這部人生電影，這部電影無聊得要命，再看下去只會讓人哈欠連連。無論如何，他覺得自己的人生毫無值得以無聊的穿、脫作為代價的願景。他將自己的財產捐贈給一個照顧老馬與流浪狗的庇護所。他的鄰居認為這個英國人肯定不是他殺，因為他是個單身漢，沒人幫他縫鈕釦、補襪子，也沒人幫他燒飯，他既沒妻子、也沒兒女，如果有的話，他肯定會對他們感到惱怒，如此一來，他或許根本就不會覺得無聊，也就不會走上自殺一途。

這位英國人「自主地」結束了自己的生命。他再也不想只是如同行屍走肉！他已然盡失繼續活下去的興趣。每日的例行公事扼殺了啟動不同的生活方式或再度成為自己人生的設計師的自由。在習慣的動物園裡做致命的停留，這會讓自己提高自由遭受剝奪的風險。自己一生中的種種順從與配合的儀式，讓生命不僅對許多老年人來說成了地獄，更如同層層包圍的鐵柵欄，秩序、正義、權力、教養、仇外及其他許許多多的觀念阻礙了我們以宜人的方式走向人生終點的入口。特別是在動盪、無助的時代裡，在遭受排擠的感覺中，我們更該仔細查明那些在我們的人生中招致崩壞與改變的源由。諸如自欺欺人、錯誤的標準、高估或低估的自我形象等等，都會使得為人生賦予一個和解的結局變得困難重重。

我們不是在自願與自主的狀態下誕生於這個世上，而是在未經詢問下，被當成赤裸而生的禮物，送給在一個我們未知的世界裡的我們未來的人生。結局全都雷同，到了某個時點，我們同樣也必須在未經詢問下，切斷自己所有的人生扭帶，離開人世，在我們身後留下那些對我們來說是重要的事，還有那些未能竟全功或徒留遺憾的事。

開始與道別，這兩者我們都必須學習！依賴、無助和沒有抵抗能力並不是只會出現在人生最初的階段，它們往往會不斷地創造出完全不同的生活條件，直到我們的人生終點，在這些條件下，自主會變得幾乎不可能，或再也沒有機會成為人生所關注的事。如果我們環顧四周，我們不僅可以感受到，人們強烈地希望能夠自主地過自己的人生、做自己的決定，能夠掙脫那些妨礙自我意志與要求順從的阻力；我們更可以感受到有許許多多的人越來越希望能夠為人所引導，能夠去配合與順應他人，藉以擺脫迷失方向的感覺。在這樣的情況下，安全承諾變得炙手可熱！

柵欄、深溝與高牆日益成為人們偏愛的劃界工具，這點同樣而且特別適用於許多老年人，當爭鬥涉及到了以自然的方式走向人生盡頭的這種保留權。死亡同樣也意味著為下一個世代騰出位置，並且將我們的經驗與知識留給他們，這些經驗和知識他們或許派得上用場。

生命的意義、生命的意志與生命力，在不由自主的生存蒙受性這種經驗下，似乎是獲得動力與能量最重要的泉源。它們作為挑戰賦予了一個人生存動機，不僅去加入、參與，更以自主與指明方向的方式，一步一步地將人生握在自己手裡。

從他人的意義必須形成自己的意義，自己的意義不僅承載了一個人生，當自己的利益受損時，它也能引領我們去反抗那些受制於人的情況。自主並不是反射動作，也不是內建於一個人生命裡的機制，它其實是形成於與有生命的世界進行對話中，它總能作為某種深切的渴望為人所感受。「我是在想要活著的生命之中的想要活著的生命」，史懷哲用這句話表達了這項難以遏制的渴望，也就是想要過一個自主的人生，想要勇敢冒險，想要為了「人有權擁有一個屬於自己的有尊嚴的人生」這個理念而奮鬥。

在「內在與外在」、「艱難的冒險」及「他人和自己的認識之間的權衡」這三者間的開放對話裡，自主總是自由所出借的東西，想要去生活、去形塑，渴望直到最終都能以自主的方式這麼做，這些不得不仰賴際遇、交流、交涉與機會。

雖然我們不曉得自主的活著需要付出什麼代價，但我們卻不應該顧忌那些代價，因為我們不會有第二個人生，而且替代的人生也將會更快終結。雖然我們同樣也不曉得自主的死去需要付出什麼代價，但我們卻應該一齊努力，設法讓每個人都能在自主與尊嚴的狀態下死去所需要的時間、空間及形式，而不是孤獨地在某處等待著某個注射生效，因為沒有人想要或可以與自己在最終時刻的具體死亡進行接觸。

生命在市場上被以傾銷價拋售，直到人生的終點，都有包括替換零件在內的替換生命，這樣的生命只能淪為廉價品。如果我們不在社會與政治上共同決定出一種**講求人道的臨終文化**、一個有**尊嚴且從容不迫的臨終**對我們有何價值，臨終和死亡最終也只能淪為廉價品。橫跨教育、醫學或宗教領域的正確生死觀的各種專業發展策略，如今已在上路，藉此為我們省去獨立自主的途徑可能造成的耗費、辛勞與冤枉路。然而，它們卻沒有考慮到許多人的實際的意義喪失，還有他們為了實際的自主所做的努力。

到了終點，重要的是同理心

我們不該讓自己變得煩躁。我們必須同樣也在自己的臨終裡遇見人生，藉此充滿好奇地去發現、去體驗、去經驗、去認識直到最終人生還提供了什麼樣的財富、追求它們的人又會受到什麼危險的威脅。成就、能力、成功是人生的支柱，而**到了終點，重要的是同理心，也就是感同身受的能力，還有傾訴和向某人吐露內心深處的可能性**。沒有人想要或能夠在沒有發瘋的危險下，完全地獨自生活。為此，我們不多不少正是需要奧地利心理學家賴希（Wilhelm Reich）所說的「自然的社會性」（natürliche Sozialität），那是我們從母體帶到這個世界上的一種經驗。

為了生活，人總是匆匆忙忙，從不曾只停留在自己身上，必須總是超出自身之外；在通往世界的途中，在與世界的物質代謝中，在通往一個人所需要的「你」的途中，在通往一個人所經歷的時間史的途中，在通往一個人的信仰及其所信奉的神明的途中。**自殺或是想要殺人，是表達絕望的最後機會，它不是在解決人生的問題，而是在終結人生的問題**。

對於行為者來說，自殺是他們在危機中的解決方法，是某種自主。自殺的決定通常會先歷經一段漫長的過程，在被絕望包圍下，最終這項決定需要勇氣和果決。即使這項決定沒有外露給那些留在世間的人，它也訴說了一個與受損的人生有關的故事。即使一個人決定反對我們生者所擁有的最珍貴的東西，亦即生命本身，一個人的人性尊嚴依然是不可侵犯的。

意義、生存意志與生命力的喪失並非發生於旦夕之間。它有它過往的脈絡可循。它與許多人生的呼救相連，這些呼救有的被聽見、有的沒被聽見、有的則被充耳不聞，它們匯流成了無力與無助。當我們自己或其他某人的生命陷入了難以推回正途的生存極限時，我們就會感受到這樣的無力與無助。

在死亡的痛苦中一路相伴，這是我們的使命。我所期望的全面性援助，是一個寬闊的安寧緩和照顧暨輔助系統，是講求人道的臨終文化，憑藉著專業性、想像力、堅持的態度與個人化的關懷，去完成那些沒有哪個認真負責的醫師能藉藥物達成的事，藉此讓一個人能夠有尊嚴地離開人世、能夠擁有一個**可以承受的臨終**。

第九章

喪慟與克服

亨尼·舍夫

死亡是個人的

我的一位至交好友瑪莉維，一生都在哀悼她那被槍殺的丈夫、尼加拉瓜的革命家施密特（Enrique Schmidt）。由於這些年來她始終沉浸在哀痛之中，直到現在，在我們最近一次拜訪尼加拉瓜時，我才敢和她談起她先生的死。在左派裡，流傳著不少關於施密特的生平及死亡的傳說。他曾是「佛里德里希・艾伯特基金會」（Friedrich Ebert Stiftung）獎學金的得主，在布萊梅攻讀博士，是個完全非典型的游擊隊隊員。他在尼加拉瓜加入了一個托派組織，後來升任指揮官，成為該國解放運動的領導人物之一。他曾經擔任過馬拿瓜的警察局局長、特務頭目、國營電話公司泰爾可的負責人。到了夜間，他則擔任指揮官，對抗反對派。

據說，她的丈夫是被自己人所殺。在我們的對話中，瑪莉維告訴我，在他死前不久，他才頭一次給她看某次行動的資料照片，那些照片所拍的是他的部隊要前去和反對派作戰的地點。以前他從來不會這麼做，因為怕會嚇到她。

當天晚上，他帶領著部隊前往該處，身為指揮官，他總是身先士卒衝在隊伍前面。在檢驗過他的屍體後，法醫說她丈夫是死於頭部遭到槍擊。瑪莉維至今還保留著射殺她丈夫的那顆子彈。根據彈道重建，他應該是被迎面狙擊，換言之，被反對派給射殺。瑪莉維曾經打算寫一本關於她丈夫的書，這一方面也是為了向她的子女們解釋當時的一切是如何發生。時光飛逝，他已經死了將近四十年，這位遺孀卻仍然在研究她丈夫的生與死；旁人可以明顯地感受到，對她而言，這個人並未逝去。

事實上，很久以前她已再婚，但她的施密特卻始終活在她的心裡。她想要弄清楚，當時究竟發生了什麼事，她想要為自己的人生完成這件事；這麼做也是為了自己的子女及孫兒，她想要忠實呈現他的一生，他的一生不該被遺忘，但也不該被用英雄故事掩蓋。如今施密特被當成烈士來紀念，有教團以他來命名，更有以他為名的學校和街道，就連在德國也不例外。但她的妻子卻希望能將他真真實實地保留在自己的記憶裡。如今瑪莉維雖然克服了那些猛烈侵襲而來的哀傷、震驚與傷痛，可是卻永遠也改變不了痛失摯愛的這個事實。

喪慟需要時間

我有位兄弟是個心理醫生，他曾說，人們必須給喪慟一點時間。每個曾經哀悼過某人的人都曉得傳統的服喪期間的確有其道理：人們需要時間去因應這樣的損失。這不是一蹴可及，有的人需要的時間比較長，有的人需要的時間比較短。重要的是，一個人有多麼強烈地融入由朋友、家庭和日常職責所構成的網絡，為了經歷並克服喪慟，我需要時間，也需要他人的幫助。我需要新的視野與日常的工作，特別是後者的影響力，我們不能低估。

海恩多夫那部淒美的日記之所以命名為《工作與結構》（*Arbeit und Struktur*），不是沒有原因；在致命的癌症確診後，他在這部日記裡寫下了自己的人生，這是讓他沒有就此陷入絕望的憑藉。有個工作，我就會被要求，我就有事可忙，我的生活就會有寄託，我就可以和哀傷保持一點距離，過了一段時間之後，我就有機會從中發展出一種新的認同、一種新的能力。

前不久，我碰巧和位舊識聊了一聊，她如今和我的姊姊住在同一間老人院。她去世多年的丈夫曾是我的同事。這位現年九十五歲的朋友至今已孀居十四年，她說自己現在唯一的心願就是能早日到墳墓裡去陪他。於是我們針對她的這個死亡心願長談了一番。在對話的過程中，我逐漸明白她其實很想好好活著，只是不斷地憶起亡夫，已經成為她生活的一部分。她不想背棄自己的丈夫，想要以這樣的方式守貞。

就這樣，我對她的情況略感寬心，因為她看起來完全沒有對人生絕望，她喜歡吃吃喝喝、喜歡交談、喜歡活動，也喜歡參加這家老人院所舉辦的各種活動。我能感受到這位朋友肯定能成為百歲人瑞，她是如此地健康、活潑，在要求與寬恕自己的程度上，是如此地明智。當她說她想去和丈夫在一起，這顯示出她培養了自己的喪慟，並把它融入到自己的生活中。這並非需要治療的「哀悼精神病」的表現。不，這位孀妻在自己的回憶中安頓了自己。

如果我的太太比我早走，我會怎麼樣呢？我所希望的有別於此，我盼望我們兩人能夠同時離開人世，如同許多結褵多年的夫婦。然而一般說來總是會有一個先走，另一個則得單獨留在人世。一想到我或許必須繼續獨活，我就不禁心情低落，這對我來說是個沉重的負擔。過去幾十年，我一點也不想去思考我們的死，我們男性本來就無法活到很老，從前這種想法總能讓我心安。

然而隨著年歲增長，我也越來越有所覺悟，將來孤獨留在人世間的人，也有可能會是我。一想到這點，我就會用我們在經驗與回憶上的共同珍藏來安慰自己。我希望我們的記憶能保持鮮明。為此我們會將共同經歷過的許多事情記錄下來，我們兩人都會寫日記，也會寫些兒孫們的事情，這些都是人生的寶藏。藉由記錄我們在一起的歲月，時至今日已有五十五年，我們共同收集了一個妥適的人生基礎。我相信這個基礎將會支持並幫助我，即便有朝一日我必須獨活。

如果願意的話，我們現在就可以去學習將至的喪慟，先用保留共同的回憶預作準備，如果有一天我們其中之一再也不在了，另一個人就能憑這些回憶獲得慰藉。我把這種對於自己的年紀、對於自己會被遺留下什麼、對於還會發生些什麼事情所做的反思，看成是某種道別的進行和經歷。這絲毫不會令我感到害怕，反而讓我感到平靜，甚至可說是滿懷信心。

死亡和年紀增長一樣，你可以讓它們向你走來，也可以推開思索它們的念頭，但你就是無法逃開它們。因此，我們最好提早做點準備，不要坐等被年老體衰、被臨終階段活逮。預作準備也代表著關懷自己，我所指的並不是喪葬保險，而是我們應當有意識地預先去討論、去設想，有朝一日我們年老體衰、有朝一日我們接近死亡，這時該怎麼辦。屆時誰要來照顧我們？屆時我們想要住在哪？我們又該如何實現這些願望？

我當然曉得我現在是以一個老年人的觀點，以一個可以過自己的生活的人的觀點來談論喪慟，我畢竟經歷過一段漫長且充實的人生，換成是身一個四十多歲的中年人，每天都為了妻小而忙碌，情況會大相逕庭。通常在這種案例中，喪慟還會加上苦痛。

我們不能把喪慟普遍化，喪慟的濃烈會取決於死者站在人生中的哪一點，以及生者又站在何處。我會為或許已年逾七旬甚至八旬的亡父或亡母哀傷，還是會為我的子女哀傷？德裔猶太作家奧爾巴赫（Berthold Auerbach）曾寫道：

「對於喪子的父親，逝去的是未來，對於喪父的子女，逝去的則是過去。」

我的家庭也曾蒙受過喪子之痛。我的一位兄長在出生時，雙胞胎兄弟和母親都不幸離開人世，他的父親後來續了弦，那就是我的母親。後來母親也曾在分娩時痛失子女，那簡直是場惡夢。父親曾為他三名年紀較長的子女寫日記，在讀到他是如何向自己的子女承諾，永遠要和他們相依為命、永遠會把他們死去的母親保存在自己心裡，我曾深受感動，我的母親就完全無法去提起她那夭折的子女。

我岳父的兄弟在五十多歲時離開了人世，他當時正要展示他父親的一群馬，卻不幸被其中一匹種馬踩到，因而死在踩踏所造成的血栓。他的母親對他的死完全無法釋懷，直到她去世都始終無法接受自己的愛子不幸喪命。她總是說這樣順序不對，生命不該如此，白髮人送黑髮人的這種喪子之痛，往往遠比送走一個壽終正寢的老人更加難以平復。「喪失親人的父母與兄弟姊妹協會」（Verwaiste Eltern und Geschwister）指出，德國每年大約會有一萬六千名兒童和兩萬名青少年不幸喪生，親人的死有時會帶來無盡的痛苦，會讓人永遠無法釋懷。

正因如此，不讓當事者的家庭陷於孤獨就愈形重要。在席克的獅心臨終關懷醫院裡，我發現兒童面對自己的死亡所採取的態度，截然不同於他們的家屬。在那裡，所有的人都會盡力別讓臨終的兒童太過悲傷，所有的人也都會盡力去勸告父母，**別光顧著為自己垂死的子女哀傷，應當把子女還在世的每一天、每一刻都當成贈禮**。

我曾在獅心臨終關懷醫院裡與病童們一起遊戲、歡笑，陪伴他們走完短暫的人生中最後一週的時光，我觀察到他們的父母和兄弟姊妹需要特別長的時間去處理自己的喪慟。「喪慟處理」聽起來頗有官僚氣，然而向自己的子女和他們未能度過的人生道別，確實是件艱難又痛苦的工作，因為他們的人生是如此短暫，他們的早夭是那麼地苦澀、那麼地令人憤慨。在席克，**我學到了一個人唯有極具耐心地與他人共同反思及談論死亡的苦澀，才能去處理傷慟**。我們從紐約的喪慟專家博納諾（George A. Bonanno）的研究得知，喪慟並不會制式化地進行，無法被硬塞到某種階段模型裡，毋寧說是以一種波動的方式在運行，因人而異，這取決於一個人經營了什麼樣的生活環境與人際關係、他與死者的關係有多親密，以及他的抵抗力與韌性又有多強。

反向關係建立——消除連結

許多剛剛經歷失去摯愛之痛的人，幾乎都難以想像何時才能重新展開新的生活、何時才能重新迎向自己的人生。好友克勞斯的生活伴侶也是如此，在很年輕的時候，克勞斯就因罹患癌症，在我們的集居社區裡過世。他的伴侶娜涅特是位了不起的女性，我們都將她視如己出，直到克勞斯過世，她從不曾對他說些「如果」或「但是」之類的話。

在克勞斯過世之後，娜涅特繼續在我們這裡住了六年，後來搬到柏林展開一段新的人生。如今她已結婚生子，育有兩名子女。為此，她需要距離。可以肯定直到她也離開人世，克勞斯必然始終會在她的心中佔有一席之地，只不過在她心裡，肯定也會有位子留給她的丈夫、子女，以及她的新生活。

喪慟必然會在某時有個盡頭，在年輕人身上總是如此，這並不是對死者的不敬或無情，所涉及的其實是留在人世間的人的存活。瑞士悲傷心理學家卡斯特（Verena Kast）曾指出喪慟歸根究柢是「反向的關係建立」，人們必須從連結中解脫出來。喪慟迫使我們必須去重新組織自己、必須從一個「關係自我」再度變成一個「個體自我」。我與死去的人是那麼地親密、那麼地熟悉，我們的關係密切到我以他來定義自己的人生，對我來說沒有什麼會比我在他的意義下、與他一起、在他左右繼續活著更為重要。讓自己從中解放出來，是一項重大的任務，這種「反正人生再也沒有意義」的絕望狀態，是我必須克服的。當我重新腳踏實地，當我回歸我的日常生活，就會存在一個開展新人生的契機，**唯有當一個人再次找到自己，他才能繼續活下去**。

走出喪慟是條漫長、艱辛的路，有時甚至可能得花上一生的時間來平復。對於生者而言，這是個極其沉重的課題。然而，替代的選項是什麼呢？我的曾祖父梅倫是位教師，在妻子死於肺癆時，他選擇了自殺。四個孤苦無依的小孩，就這麼被他留在世間。他不僅孤獨地面對了自己的絕望，也讓他的子女必須孤零零地面對自己的人生，他的痛苦不過是製造了新的痛苦。

公眾悼念

過去很長一段時間，公眾悼念幾乎等同於官式國葬，或是為了陣亡將士所舉辦的官式追悼會。統治者與英雄之所以要用奢華的葬禮來下葬，不是沒有原因，是因為如此一來權力才能被彰顯和鞏固。然而，公共空間裡的悼念，在過去數十年間已然發生了劇烈的轉變，它們不再只是被用來展現「權力」，同樣也被用來展現「無力」。舉例來說，「五月廣場母親」（Madres de Plaza de Mayo）的守夜活動便貢獻良多，這是一個由許多阿根廷婦女所組成的團體，一方面是為了紀念她們自一九七七年起在阿根廷軍政府的獨裁統治下失蹤的子女，另一方面則是要藉由公眾悼念要求當政者提出解釋。

公眾悼念是種政治陳述。作為社會的我們，對誰表達最後的敬意、懷念誰，誰就被我們公開認可。當德國聯邦總統高克（Joachim Gauck）以官方的身分，正式向已故外交部長威斯特威勒（Guido Westerwelle）的「遺孀」致哀（譯按：威斯特威勒為同性戀），這就等於是在公告作為社會的我們，願意認可同性伴侶的生活伴侶關係。這點對許多人來說，還是需要慢慢調適，不過，總統則在當時指出：德國社會衷心地向遺屬致哀，無論他們的性向為何。

當人們在足球場上為漢諾威96足球俱樂部（Hannover' 96）的已故守門員恩克（Robert Enke）舉行一場公開的追悼會時，代表我們不想隱瞞這個人不想再活下去的事實，我們完全公開地為這位厭倦了人生的足球員，致上最大的哀悼之意。從前，自殺的人不能被安葬在墓園裡，即便到了現在，這項歷經數百年之久的基督教禁令依然持續發生著影響力，自殺始終還是被視為禁忌。

無論是在巴黎、布魯塞爾或其他地方為恐怖攻擊受難者所做的默哀，還是為那些淪為「榮譽處決」（honour killing）受害者的婦女所進行的守夜，抑或是為死去的遊民所舉辦的追悼會，公共空間中的悼念代表其實就是某個社會所採取的立場。德國花了很長的時間才總算能夠下定決心，公開去紀念當年猶太人大屠殺的受難者。對於德國社會曾經長年無法承認，自己在滅絕歐洲的猶太人上應負的罪責，德國心理分析學家亞歷山大與米契里希（Alexander & Margarete Mitscherlich），將這種情況說成是「沒有哀悼的能力」。公開悼念也可能與懺悔有密切的關係，身為一個負責任的政治人物，這點我頗有體認……

阿拉瑪．孔德之死

這件事是發生在我擔任布萊梅市府的小內閣期間，當時我們費了九牛二虎之力進行城市掃毒，當時每星期都有不少人死於吸毒，藥頭們越來越大膽，居然還明目張膽地在校園外或火車站裡販毒。藥頭們在遭逮捕時，往往會將他們的毒品吞進肚子裡，此舉讓執法機關感到十分頭痛。在聯邦與各邦經過協調並在布萊梅市議會議決之後，在警醫的幫助與檢察官及刑事法庭的批准下，警察開始可以設法讓被告將所吞下的毒品吐出來，這種事情多年來幾乎每天都在發生。就連聯邦憲法法院也批准了這種實務上的作法。醫師公會原本反對這樣的程序，但後來也轉趨同意。我們很清楚，這樣的程序是種強制措施，不過我們認為，我們在司法上是站得住腳的。

二〇〇五年一月七日，獅子山共和國的藥頭孔德（Laye-Alama Condé）遭到警方逮捕並拘留，在警醫催吐的過程中暴斃身亡。他的死在布萊梅各界，包括市民、市府與法院，喧騰了好幾年。訴訟過程中，聯邦法院曾兩度撤銷布萊梅邦法院宣告警醫無罪的判決，後來由於該名警醫身染重病無法受審，全案的審判程序才暫時中止。在那之後，一再有民眾要求為死於警察拘留下的孔德豎立紀念碑。

身為內閣成員及共同負責的司法市委，在審判期間我始終力挺執法人員，在我個人的應訊中，我也同樣認為要執法人員為這起死亡負責是不對的。我並不想把辛苦地對抗藥物濫用，和對威脅到青少年身心健康的藥頭保護不足，這兩件事相提並論。

這是不對的。

沒有什麼理由可以合理化這起死亡，就算是藥頭，我們也應該保護；就算是藥頭、他們的家屬和朋友也應該受到致哀，即使導致死亡的是當時被法院所認可的一項實務作法。為了這起悲劇性的死亡事件，布萊梅警局令人欽佩地主動提出了一套對員警的教育訓練，承認自己的錯誤與進一步重新整頓，這都是為了避免悲劇繼續在未來重演。

在我擔任公職的二十八年期間，在我的各種職務範圍裡，沒有一件事可與此事相比。一直到孔德過世了十年之後，對於相互指責、對於公眾長期的反對、對於我的無力自省與無力哀悼所感到的驚駭，才讓我重新省思。

當時我，或者說我們，明確地回答了「什麼具有較高的價值」這個問題，換言之，保護所有的人免於遭受毒品侵害比較重要，還是保護個人更為重要。在這個過程中鬧出人命，絕非我或我們大家所想要的，當時我們認為自己是站在對的一方，我們是糾纏在一個行為指令系統裡。位居這個系統上位的我，當時應該立刻負起責任，但我未能表示懺悔，如今依然令我感到懊悔不已。跟毒品說不，這是我一貫的理念，可是目的無法漂白手段。在孔德的事件發生了一年後，這種強制透過一根胃管注射催吐劑的作法，在歐洲遭到禁止。它違反了《歐洲人權公約》第三條的規定：禁止以非人道與有辱人格的方式去對待一個人。我真希望從前的法律規定如果能像這麼清楚就好了，我更希望法律當時能夠防止我們犯下這種錯。

每當我想到孔德，我就會不禁想到我的父執輩友人、前柏林市長阿爾貝茲（Heinrich Albertz）。在德國大學生歐內索格（Benno Ohnesorg）於一九六七年六月二日遭槍殺後，他先是做了幾個月的辯解，最終才決定辭去柏林市長一職。歐內索格是在一場抗議伊朗國王訪問德國的示威活動中，被一名警員在政治狂熱的氛圍下從背後開槍射殺，直到一九九三年阿爾貝茲在布萊梅過世，他始終都對自己在歐內索格事件上所犯下的政治錯誤表示懊悔。這項懺悔也使得他自願在「六月二日運動」（Bewegung 2. Juni）的綁架事件中擔任替代人質。藉由在一個痛苦的澄清過程中所完成的懺悔，他成為一整個反抗權威的世代心目中值得信賴的對話伙伴。我認為他推開了一道去反思異議的門、一道以合作來取代威權式的劃界與設限的門。

如今我知道，死亡會終結一切正當理由，我們不能讓它恣意地發生在我們身上，而必須盡全力阻止它。對此，明理與認錯是不可或缺的前提。布萊梅警方走出了這一步。如今我也想要走出這一步。在我試圖辯解了十年之後，我終於開始試著去接受這個一再被壓抑的過錯。我把孔德所遭逢的厄運更加銘記於心，而且把目前的難民潮視為一種以開放的心胸去接納新公民的使命。我們的集居住宅，正好緊鄰難民收容所，我們與難民們彼此都在學著去接受這樣的新情勢。

我的懺悔之所以來得如此之晚，必然是其來有自。我不想辯解，只想試著說明身為一個活躍的政治人物，我對許許多多的事情都負有責任。我領導著一個龐大的機關，必須設法使其順利運行，這讓一個人很容易變得趨於成果取向。如果無法出現所期待的成果，他就會把失敗的結果推到一旁，然後繼續嘗試下去。孔德的死，情況也是如此。我當時只是站在所屬機關的視角，一味地捍衛我所屬的機關，我完全沒有能力去深入反思孔德的死。在我卸下了公職之後，我花了十年的時間去反省自己的人生，過了這十年之後，我才有能力去改變自己的視角。這其實也是對我自己的死亡所做的思索。如今，身為一個老人，我才有能力讓這個死亡靠近我。**明白我們不能去壓抑死亡**。

為死去的難民哀悼

在我們的社會中，我們會記得誰、我們會公開地讚許哪些死者、誰的死會觸動我們的心、我們或許甚至會覺得自己該為誰的死負責？二〇一五年四月，安奈莉在《威悉河信使報》（*Weser Kurier*）上的一個追思會邀請廣告中寫道：

在我們的門外
有人死去
我們向
為了躲避戰爭、恐怖活動或飢荒
尋求一個安身立命之所
卻在歐洲的邊界
不留痕跡地
溺斃於地中海

的那些人
鞠躬並致上哀悼之意
在這場追悼會中
我們想要點上蠟燭
將他們銘記於心
我們敬邀您來參與

安奈莉指出：「每位不幸如此死去的難民，都提醒著我們必須在政治上尋求一個適切的解答，藉此去重視人性的尊嚴、去紀念每位下落不明的死者，因為他們的家屬就連一個舉辦葬禮的地方也沒有。」我十分理解這項紀念在穿越地中海的逃難過程中不幸喪生的無數死難者的倡議。這篇邀請函，是她與布萊梅聖史蒂芬妮文化教堂的女修士麥爾所共同撰寫，旨在邀請社會大眾一起來參與一場追思會。

究竟有多少的人在逃難的過程中溺斃於地中海？其中究竟包括了多少的

兒童、男性、女性和家庭？唯一讓我們印象深刻的影像就只有某個在二〇一五年九月溺斃於土耳其某個沙灘上的四歲小男孩。然而，他其實只是無數死難者的其中之一。我們作何反應呢？那些正直的人待在家中，坐在電視機前，不知所措地看著那些駭人聽聞的報導，任由像「愛國歐洲人反對西方伊斯蘭化」（Patriotische Europäer gegen die Islamisierung des Abendlandes）組織那樣的人，在街頭上宣傳仇恨。這難道就是我們對那些從地中海向我們迎面傳來的呼救的回應？

在這個背景下，我覺得安奈莉的這項倡議非常好，將許許多多難民的死視為我們個人的喪慟。我們與那些在逃亡中倖存下來的人，一同悼念他們的親友。安奈莉指出我們歐洲人也需要一些地方和形式，藉以對許許多多在逃難的過程中不幸喪生在我們這裡的人，表達我們的哀悼之意。

如果沒有她在戰爭中親身經歷到的各種威脅與死亡，如果沒有貧窮與遭受排斥的經驗，如果沒有親身參與臨終關懷運動與難民救助工作，她或許就無法寫出這篇追思會邀請函。一週之內死亡人數破千，情況似乎沒有和緩的趨勢，沒有追思會、沒有告別式，正因如此，她想藉此釋放自己心中沉重的感受。

這不是像在柏林替死難難民驗屍、為死難難民舉辦示威性葬禮的那種挑釁行為，正如她在二〇一五年六月，為了喚醒德國政壇所舉辦的「政治美景中心」（Zentrum für politische Schönheit）抗議活動。安奈莉不想要挑釁、也不想要藉以清算殘酷的難民政策的政治抗議活動。安奈莉希望能夠找到一個形式去表達，我們對於每天在地中海發生的死難所感到的驚恐、絕望與無助。此舉的目的不在組織陣線，而在賦予公民社會一個空間，藉此去面對成千上萬的死難者。公眾的哀悼在社會空間中具有某種影響力，它會讓人不致流於無動於衷。

忍受有限性

什麼能夠帶我們走出喪慟？一個終究必須結束的生命到底有何意義？我們活在一個看不清全貌的時代，一個變革的時代。有的地方存在著基本上屬於世俗化的社會，有的地方則存在著根本上屬於宗教的社會；有的地方享有高度的自由，有的地方則存在極端的專制；有的地方有著氾濫的財富，有的地方則有著悲慘的貧窮；有的地方存在著社會的瓦解趨勢，有的地方則在著趨於僵化的儀式。

在所有看不清的狀況裡，唯一不變的就是我們每個人肯定都是有限的。而我的使命是要從自己人生必然的有限性中站起身來表示「**我要利用自己的生命做點事情，我不要讓自己的生命虛度！**」。不僅如此，我還希望，對於生命有限性的意識，能夠作為人類共存與公民社會的基礎。由於我們是有限的，因此我們有強烈的理由要善用自己的生命，去做出比我們去漂白或壓抑有限性更有意義的事情。

伴隨著個人化與狂熱地追求年輕，我們的社會試圖對臨終和死亡視而不見，才會讓人們死於若是有良好的安寧緩和醫療照顧，就毋需遭受的痛苦之下，我們才會避開送葬者，讓他們獨自去承受痛苦。**如果這不是我們想要的，我們就必須正視死亡和喪慟。**

道別性與責任倫理

在一九五〇年代末期，我曾在柏林自由大學旁聽過德國哲學家魏許德（Wilhelm Weischedel）的課。我對哲學始終很感興趣；儘管身為法律系的學生，我還是會去聽一些哲學的課。我對魏許德有著極高的崇敬，他曾是納粹的死敵、反抗運動的成員，追溯納粹統治的經驗，加上有鑑於基督教教會在許多方面的道德淪喪，尋求一種不受宗教影響的新倫理。

魏許德所關心的是我們是從何處取得我們的價值、我們遵循著怎樣的方向、在我們的人生中什麼是重要的、什麼賦予了我們結構與支持。在這樣的背景下，「道別性」（Abschiedlichkeit）是他的倫理學的中心思想，**從終點來思考人生，這是他對「什麼賦予了人生意義」這個問題所提出的答案**。

魏許德從接受「有限性」的能力，推得一套成功人生的行為指南。「道別性」很矛盾地並非什麼憂鬱的人生概念，而是要求人們利用有限的生命做出點什麼的呼籲。當時魏許德積極鼓勵我們這些學生要積極投入社會，他的信念是藉由我不僅為自己也為他人出力，我便可為自己的人生找到賦予意義的基礎。

他的助教馮布連塔諾（Margherita von Brentano），曾跟在他身邊進行博士後研究，日後她則成了他的後繼者，成為支持平權與裁軍的女鬥士。「生命是有限的，善用它去做點什麼」，她的這種態度，正是受到了魏許德的影響。

像魏許德這種存在哲學家所關心的，並不是經濟的發展，如同戰後大多數的人，他們所關心的其實是賦予這個道德淪喪的社會新的基礎。至今為止，我始終認為如魏許德之輩的哲學家，以及戈爾維茲（Helmut Gollwitzer）之輩的神學家，在戰後的「歸零狀態」下，在納粹對國家及人心造成的廢墟中，能夠力主一種負責的態度，這的確是相當了不起的成就。這些「大人物」做到了，為我們的社會定義新價值，以及不讓這套倫理學被遺忘，令其生氣蓬勃地流傳下去，這對我來說至關重要。

如果這世上存在著秉持這種道別的意義活著的人，那麼曼德拉肯定是其中之一，我們再怎麼稱頌這位政治家都不嫌多，無論是對於他為南非爭取民主的人生成就，抑或是對於他在面對死亡上所秉持的謹慎、堪為表率的態度。曼德拉曾被囚禁在羅本島的小牢房長達二十三年，我曾經去過那個地方。沒有床，只有一張床墊鋪在地上，還有一張小板凳和牆上的幾根釘子，除此之外，一無所有。儘管如此，他不但挺過了這樣一個惡劣的生存環境，更從中培養出了益發強大的精神力量。

由於我認識多位曾被關在那裡的人，因此我知道他在羅本島上與獄友一起學習，一起討論種種政治計畫。如今這些人扛起了這個國家的未來，其中有一部分則是藉由為年輕人樹立榜樣，他們蒙受了苦難，但他們卻沒有放棄。飽受種族隔離政策之苦的曼德拉，在出獄之後並未化身為復仇者，這近乎是個奇蹟，他埋葬了舊日的復仇誓言，邀請所有的人一同來參與一個民主的南非。

那麼，到了自己的生命盡頭，這位知名的政治家又做了什麼？他是不是住進這個世界上某個最舒適的療養院？不，他搬回自己的故鄉，在那裡仿建了自己曾經住過的小牢房，在裡頭等待自己的人生終點到來。他想在那個他曾掙扎多年、曾挺過、曾帶給他人勇氣的地方，經受生與死。這是秉持道別的態度所活出的人生。

除了「道別性」，每當我因親友的死而陷於絕望時，「責任倫理學」（Verantwortungsethik）也總能帶給我慰藉。尤納斯（Hans Jonas）曾在納粹當政下被迫逃出德國，日後他在美國成了與漢娜・鄂蘭（Hannah Arendt）同樣世界知名的哲學家。他以「責任」作為自己的哲學的基礎。《責任原則》（*Das Prinzip Verantwortung*）是他的主要著作之一，這本書所思索的對象是一個充滿著無可估量的風險的世界，這個世界則需要一套謹慎且自省的倫理學。這套倫理學不是要幫助我們迅速且不顧損失地做出種種決定，而是要幫助我們小心翼翼地去權衡行為的後果。由此出發，他推得了他所謂的「生態命令」（ökologischer Imperativ）：「你的行為應當本於『行為的結果』與『地球上真正的人類生活的永續』兩者得以兼容。」

如今我們之所以會再度想起「道別性」與「責任倫理學」，我認為原因出在我們這個時代的消費恐怖，出在這種毫無節制的佔有欲望。全球最富有的八十五個人所擁有的財富，相當於全球半數、約三十五億的人所擁有的財富。這是一種難以承受的社會分裂。

畢竟，聚斂的心態也只是一種死亡的壓抑，且是「及時行樂」（Carpe diem）最令人不悅的一種形式。我們不能在不尊重他人甚或不尊重自己的前提下過我們的人生。**到了我們的人生終點，無可避免地會出現這樣的問題：我們利用自己的生命做了些什麼？我們帶走了什麼？當一個人經受到這樣的思考，他就能為自己的人生學習。**

我是否以自省的態度看待自己？或者，我是否其實只是追逐著權力、虛榮與自我表現的幻想，從終點看來，這一切其實是貧乏的？更奢華無度、更標新立異並不會帶來幸福。在美國，在南非，那些巨富們統統躲回一些名副其實的堡壘裡，因為他們再也不敢上街。到了最後，他們只有孤立與孤獨。那些為生命賦予意義的事情，也就是彼此在相互了解、相互交流、相互幫助之下度過自己的人生，他們一點也沾不上邊。

對於死亡和喪慟這代表著什麼呢？我希望，**我們能夠發展出一個可以讓臨終和死亡擁有一席之地的社會。**我希望，**我們願意負責地站在那些如今必須步上這趟沉重的旅程之人身旁，願意帶著同理心站在必須痛苦地留在人世的遺屬身旁。**因為，我們自己終將會是下一個必須承受這一切的人，天堂所留下的空位會被如此填滿。**被我們，一起。**

謝辭

我要感謝我的協力作者烏塔・馮史蘭克（Uta von Schrenk），感謝她的研究、討論及撰寫。我也要感謝我的妻子露薏絲，感謝她給予我各種形式的支持。

亨尼・舍夫

身為本書的兩位作者，我們要共同向赫德出版社（Verlag Herder）的華特博士（Dr. Rudolf Walter）致謝。對於他在寫作與出版之路上，為我們所做的細心、老練且感情豐富的嚮導，謹致上最誠摯的謝忱。

安奈莉・凱爾與亨尼・舍夫

延伸閱讀

- Andreas Kruse, *Resilienz bis ins hohe* Alter, Wiesbaden: Springer 2015.
- Atul Gawande, *Sterblich sein*, Frankfurt a.M.: Fischer 2015.
- Barbara Dobrick, Wenn die alten *Eltern sterben*, Stuttgart: Kreuzverlag 1989.
- Bärbel Schäfer, Monika Schuck, *Die besten Jahre*, Köln: Kiepenheuer und Witsch 2007.
- Bronnie Ware, *Fünf Dinge, die Sterbende am meisten bereuen*, München: Goldmann 2015.
- Bruno Bürgel ,*Vom täglichen Ärger*, Leipzig: Reclam 1968.
- Earl A. Grollman, *Mit Kindern über den Tod sprechen*, Neukirchen-Vluyn: Aussaat 2004.
- Henning Scherf , *Grau ist bunt*, Freiburg: Herder 2006.
- Harald Alexander Korp, *Am Ende ist nicht Schluss mit lustig*, Gutersloh: Gutersloher Verlagshaus 2014.
- Oliver Sacks, *Dankbarkeit*, Hamburg: Rowohlt 2015.
- Peter Gross, *Wir werden alter. Vielen Dank. Aber wozu?*, Freiburg: Herder 2013.
- Robert Spaemann, *Vom guten Sterben*, Freiburg: Herder 2015.
- Sabine Saalfrank, *Innehalten ist Zeitgewinn*, Freiburg: Lambertus 2009.
- Michael Brand, *Sterbehilfe oder Sterbebegleitung?*, Freiburg: Herder 2015.
- Wolfgang Bergmann, *Sterben lernen,* München: Kosel 2011.

國家圖書館出版品預行編目資料

告別的勇氣：讓我們談談死亡這件事，學著與生命說再見 / 亨尼．舍夫（Henning Scherf）、安奈莉．凱爾（Annelie Keil）原著；王榮輝翻譯. -- 初版. -- 臺北市：商周出版：家庭傳媒城邦分公司發行, 2017.12
面；　公分
譯自：*Das letzte Tabu: Über das Sterben reden und den Abschied leben lernen*

ISBN 978-986-477-363-3（平裝）

1. 生死學

197　　　　　　　　　　106021943

告別的勇氣：讓我們談談死亡這件事，學著與生命說再見

原著書名／*Das letzte Tabu: Über das Sterben reden und den Abschied leben lernen*
作　　者／亨尼．舍夫（Henning Scherf）、安奈莉．凱爾（Annelie Keil）
譯　　者／王榮輝
企劃選書／賴芊曄
責任編輯／賴芊曄

版　　權／林心紅
行銷業務／李衍逸、黃崇華
總 編 輯／楊如玉
總 經 理／彭之琬
事業群總經理／黃淑貞
發 行 人／何飛鵬
法律顧問／元禾法律事務所　王子文律師
出　　版／商周出版
台北市 104 民生東路二段 141 號 9 樓
電話：(02) 25007008　傳真：(02)25007759
E-mail：bwp.service@cite.com.tw
Blog：http://bwp25007008.pixnet.net/blog
發　　行／英屬蓋曼群島商家庭傳媒股份有限公司城邦分公司
台北市中山區民生東路二段 141 號 2 樓
書虫客服服務專線：(02)25007718；(02)25007719
服務時間：週一至週五上午 09:30-12:00；下午 13:30-17:00
24 小時傳真專線：(02)25001990；(02)25001991
劃撥帳號：19863813；戶名：書虫股份有限公司
讀者服務信箱：service@readingclub.com.tw
城邦讀書花園：www.cite.com.tw
香港發行所／城邦（香港）出版集團有限公司
香港灣仔駱克道 193 號東超商業中心 1 樓
E-mail：hkcite@biznetvigator.com
電話：(852) 25086231 傳真：(852) 25789337
馬新發行所／城邦（馬新）出版集團【Cite (M) Sdn. Bhd.】
41, Jalan Radin Anum, Bandar Baru Sri Petaling,
57000 Kuala Lumpur, Malaysia.
Tel: (603) 90578822　Fax: (603) 90576622
Email: cite@cite.com.my

封面設計／黃聖文
排　　版／極翔企業有限公司
印　　刷／韋懋實業有限公司
經 銷 商／聯合發行股份有限公司
電話：(02) 2917-8022　Fax: (02) 2911-0053
地址：新北市 231 新店區寶橋路 235 巷 6 弄 6 號 2 樓

■ 2017 年（民 106）12 月初版
■ 2021 年（民 110）12 月初版 2.6 刷
定價 380 元

Printed in Taiwan

Original title: *Das letzte Tabu: Über das Sterben reden und den Abschied leben lernen*

商周出版

廣	告	回	函
北區郵政管理登記證			
北臺字第000791號			
郵資已付，免貼郵票			

104　台北市民生東路二段141號2樓

英屬蓋曼群島商家庭傳媒股份有限公司城邦分公司　收

請沿虛線對摺，謝謝！

商周出版

書號：BK5130　　書名：告別的勇氣　　編碼：

請於此處用膠水黏貼

商周出版

讀者回函卡

感謝您購買我們出版的書籍！請費心填寫此回函卡，我們將不定期寄上城邦集團最新的出版訊息。

不定期好禮相贈！
立即加入：商周出版
Facebook 粉絲團

姓名：＿＿＿＿＿＿＿＿＿＿ 性別：□男 □女

生日：西元＿＿＿＿＿年＿＿＿＿＿月＿＿＿＿＿日

地址：＿＿＿＿＿＿＿＿＿＿

聯絡電話：＿＿＿＿＿＿＿＿ 傳真：＿＿＿＿＿＿＿＿

E-mail ：

學歷：□ 1. 小學 □ 2. 國中 □ 3. 高中 □ 4. 大學 □ 5. 研究所以上

職業：□ 1. 學生 □ 2. 軍公教 □ 3. 服務 □ 4. 金融 □ 5. 製造 □ 6. 資訊
□ 7. 傳播 □ 8. 自由業 □ 9. 農漁牧 □ 10. 家管 □ 11. 退休
□ 12. 其他＿＿＿＿＿＿＿＿

您從何種方式得知本書消息？

□ 1. 書店 □ 2. 網路 □ 3. 報紙 □ 4. 雜誌 □ 5. 廣播 □ 6. 電視
□ 7. 親友推薦 □ 8. 其他＿＿＿＿＿＿＿＿

您通常以何種方式購書？

□ 1. 書店 □ 2. 網路 □ 3. 傳真訂購 □ 4. 郵局劃撥 □ 5. 其他＿＿＿＿

您喜歡閱讀那些類別的書籍？

□ 1. 財經商業 □ 2. 自然科學 □ 3. 歷史 □ 4. 法律 □ 5. 文學
□ 6. 休閒旅遊 □ 7. 小說 □ 8. 人物傳記 □ 9. 生活、勵志 □ 10. 其他

對我們的建議：＿＿＿＿＿＿＿＿＿＿

＿＿＿＿＿＿＿＿＿＿

＿＿＿＿＿＿＿＿＿＿

【為提供訂購、行銷、客戶管理或其他合於營業登記項目或章程所定業務之目的，城邦出版人集團（即英屬蓋曼群島商家庭傳媒（股）公司城邦分公司、城邦文化事業（股）公司），於本集團之營運期間及地區內，將以電郵、傳真、電話、簡訊、郵寄或其他公告方式利用您提供之資料（資料類別：C001、C002、C003、C011 等）。利用對象除本集團外，亦可能包括相關服務的協力機構。如您有依個資法第三條或其他需服務之處，得致電本公司客服中心電話 02-25007718 請求協助。相關資料如為非必要項目，不提供亦不影響您的權益。】

1.C001 辨識個人者：如消費者之姓名、地址、電話、電子郵件等資訊。
2.C002 辨識財務者：如信用卡或轉帳帳戶資訊。
3.C003 政府資料中之辨識者：如身分證字號或護照號碼（外國人）。
4.C011 個人描述：如性別、國籍、出生年月日。

請於此處用膠水黏貼